クル　ズ会社と就航水域・その日本代理店

(海の水域のこれと同じマトリックスは
「海の船旅」編19頁にあります。)
◎○×は日経新聞の表記法に準拠

◎…シーズン中・連続運航するか、毎年催行する定番コース
○…年に数回催行する
×…年に1回催行するかどうか

会社・団体 ＼ 水域		川と運河や小型船の船旅																		日本のクルーズ代理店
		1 ライン・ドナウ	2 オランダ	3 ナイル川	4 ロシア	5 黒海沿岸	6 長江	7 英国	8 フランス	9 チョベ川	10 東南アジア	11 南太平洋	12 アマゾン上流	13 ガラパゴス	14 ミシシッピ川	14 五大湖	14 米国田園	15 アラスカ	16 北極／南極	
SSA(スモールシップアライアンス)加盟各社が取り扱う船会社	AMAウォーターウェイズ	◎	◎		◎				◎	◎										オーシャンドリーム(042-773-4037)
	ユニワールド・ブティーク・リバークルーズ	◎	◎	○	◎		○		◎											
	バイキング・リバークルーズ	◎	◎	○	◎		◎		◎											
	トラベル・ダイナミックス・インターナショナル					○										◎				
	ヨーロピアン・ウォーターウェイズ		○					◎	◎											
	アッサム・ベンガル・ナビゲーション										◎									
	パンダウ・クルーズ										◎									
	インドシナ・セイルズ										◎									
	サクセス		◎																	
	スーダン			◎																
	クォーク・エクスペディション																		◎	
	ホテル・ナローボート							◎												
	カンパニー・デュ・ポナン																			マーキュリートラベル(045-664-4268)
	シードリーム・ヨットクラブ																			
	サガクルーズ					×														
	フェニックスライゼン																			
	ルイスクルーズ																			
	スター・クリッパーズ																			メリディアン・ジャパン(0476-48-3070)
	クラシック・インターナショナル・クルーズ																			
	オーシャニア・クルーズ																			ティーアンドティー(03-6794-1320)
	ウインドスタークルーズ		○					○	○											セブンシーズリレーションズ(03-6380-7225)
その他の会社や団体	ルフトナー・クルーズ	◎	○						◎											ICM(03-5405-9213)
	オーソドックス・クルーズ			◎	○															ユーラスツアーズ他
	アメリカン・クルーズ・ラインズ														◎	◎	◎			なし
	アメリカン・クイーン・スチームボート														◎					なし
	アメリカン・サファリ(インナーシーズ・ディスカバリー)																	○		HAIしろくまツアーズ(在アラスカ、海の船旅編で紹介、日本語を話す白熊が経営)
	リンドブラッド・エクスペディションズ(ナショナル ジオグラフィック)							○						○					◎	なし
	クロワジヨーロッパ	◎	◎						◎											(チャーターのみ、ワールド航空サービス)
日本の旅行社や団体	JTBロイヤルロード銀座	◎					○													83頁
	JTBメディアリテーリング		×	×		○	◎				×			○				×		83頁
	読売旅行																	○	◎	全国に営業所あり
	ニッコウトラベル																			31頁
	ワールド航空サービス															×	×	◎	◎	29頁
	グローバル・ユース・ビューロー																		○	27頁
	ユーラスツアーズ																			37頁
	ゆたか倶楽部																			03-5294-6261
	まんぼうくらぶ(クルーズネットワーク)	○																		03-5623-0780
	ピースボート(ジャパングレイス)					×													×	全国にセンターあり
		この本に掲載								別の本に掲載予定										

(JR・京成・橋本駅すぐ)

長野正孝　工学博士
名古屋大学 土木工学科卒、広島港、鹿島港工事事務所長、など歴任後、第２パナマ運河計画策定に従事。これが学位論文に。世界の港湾や運河の開発空間論や水辺の景観についての第一人者。

船の積み荷は米俵5俵。船頭が使う櫓(ろ)と竿も見える。

横を走る京都市電は白い側板の特徴から170、171号車と推察される（８人乗り、元・木製貴賓車を転用、1912、3年製）

The Inclined Plane, Kyoto（1920）著者所蔵の絵ハガキ

現在世界で実働中の最新のインクラインはフォンセランヌ（フランス、本書109頁）にあるが、日本にも蹴上インクライン（京都御所の近く）があり、京都市水道局の手厚い保護のもとに再開を待つかのように常態保存されている。多分、この絵ハガキの平底・和船は、琵琶湖沿岸で収穫された米を琵琶湖疏水、鴨川、途中伏見泊、淀川経由で船ごと大阪・堂島の米問屋に届けるところであろう。この蹴上インクラインは現存する世界最古のインクラインの一つである。これは別の本で詳述する予定。

華麗なるクルージング

川と運河の船旅

渡邊八郎 著

River Cruise at Europe

KAIBUNDO

クリスマスの乗客へのプレゼント

洋上でのクリスマスでは、乗客と40名あまりの乗組員とが一緒になって船内を飾り付けてお祝いします。ヨーロッパのリバークルーズでは乗組員は全員お若いホワイトさんですから（121頁）、船内の雰囲気は華やいで、それはもう最高です。イブは皆で一緒に盛り上げて、さて翌クリスマスの朝、全ての乗客のキャビンの前に船会社から上に掲げたようなプレゼントが届きました。ドイツ伝統の木製トイの詰め合わせです。

さて、乗組員へのプレゼントは…

新年のクルーズが終わると、乗組員は2月末まで1年分の休暇をまとめてもらいます。世界共通の労働協約で乗組員はシーズン中は休みなしで連続船上勤務して、休暇は川の場合には1年分をまとめて、海の場合は5年分貯めておいてまとめて約10か月の休暇を取る権利があるそうですが、乗組員にとってはこれが最高のプレゼントです。

CONTENTS/INDEX

①ライン～ドナウ川系

Ports of Call

②オランダ～ベルギー

③ナイル・アフリカ

④ロシアとウクライナ

⑤黒海

クリスマスやニューイヤーのリバークルーズは狙いどころです

海のクルーズと違って、リバークルーズは普通 4～10月 のシーズン中だけ運航します。しかし西洋諸国ではクリスマスやニューイヤーのリバークルーズの人気が出てきたこともあって、10月からクリスマスまで、ついでにずっと運航する会社が最近増えています。クリスマスや新年のクルーズ料金は、年間で一番安い価格が適用されます。それに、日本人には暮れは正月休みと合わせてまとまった休みが取りやすい時期です。添付のDVDでもタップリ紹介しましたが、私は日本の皆様に（とくにヨーロッパ水域での）クリスマス・クルーズをお勧めしています。

謝辞

私は、次の方々の御著書の各所から貴重な情報を得て、ますます自信を深めてこの本を執筆することができました。ここに謹んで厚くお礼を申しあげます。

H. I. H. Prince Naruhito『The Thames as Highway —A Study of Navigatoin and Traffic the Upper Thames in the Eighteenth Century—』、1989年、オックスフォード大学出版局〔ハイウエーの役割を果たすテムズ川 —18世紀のテムズ川上流域での航行と運輸についての一考察— (書名訳：渡邊八郎)〕

徳仁親王著『テムズとともに—英国の二年間—』(学習院教養新書)、1993年、学習院総務部

長野正孝著『ヨーロッパ運河物語 —その美とロマン、技術の系譜を尋ねて—』、1993年、山海堂

『パナマ運河計画史の技術的評価に関する研究』(博士論文の草稿)

加山昭著　『アメリカ鉄道創世期』1998年、山海堂

(以上の図書は、国会図書館 (103頁) で、あなたの街の公立図書館と同じように、手続きをすれば、どなたでも閲覧できます)

この本には何が書いてあるのか

世界の川と運河の船旅の中で、日本語で相談や予約ができるリバークルーズの中から日本でもポピュラーな8つの水域をこの本で紹介しています。

多くの人々が集まって生活し、そこで大量の衣・食・住の物資が消費されるようになると、人びとは人や物資を船状のものに乗せて楽に遠くまで運ぶ術を覚えました。約6500年も前のチグリス川、ユーフラテス川沿いのオリエント文化が芽生えた辺りにリバークルーズのルーツの一つがあるという説〔注〕もあります。

人々は川のない所には運河を掘り、川と結び水路を拡張しました。やがて水門を2つ組み合わせたロックを考案し、ロックを何段も連続配置して、船に乗せたまま山を越えて貨客を運びました。添付DVDに収録したように、英国のカナルで田園を巡る船旅では、乗客総出でロック操作を手伝うのが、そこの楽しみの一つになっています。

今世紀に中国が建設した長江の三峡ダムには、約150メートルも高低差のあるダムを船に乗ったままで通り抜ける5段ロックと、150メートルを一気に昇降する水槽式エレベーターの2つが、ドイツの技術をヒントに建設されました。

運河や簡単な1段ロックは日本にもあります。また京都御所の隣の蹴上にはインクライン（船の傾斜エスカレーター）のレール軌道が再開を待つかのように「形態保存」されています。この本では、それら先人の偉大な業績も偲びながら、世界の川と運河の船旅を紹介しています。

なお海の船旅編に引き続き本書でもクルーズとは「船のキャビンで数日を過ごしながら各地を巡る旅」のことを指し、遊覧船やレストラン船などは含まれません。

〔注〕ダグラス・ワード著『グレート・リバークルーズ2006年』（17頁～）

ヨーロッパの川を行く、ロングシップとも呼ばれる、典型的なリバークルーズ船。約80室のキャビンはすべて川向きに配置されている。（このクルーズは、クルーズNo.2（21頁）に掲載）

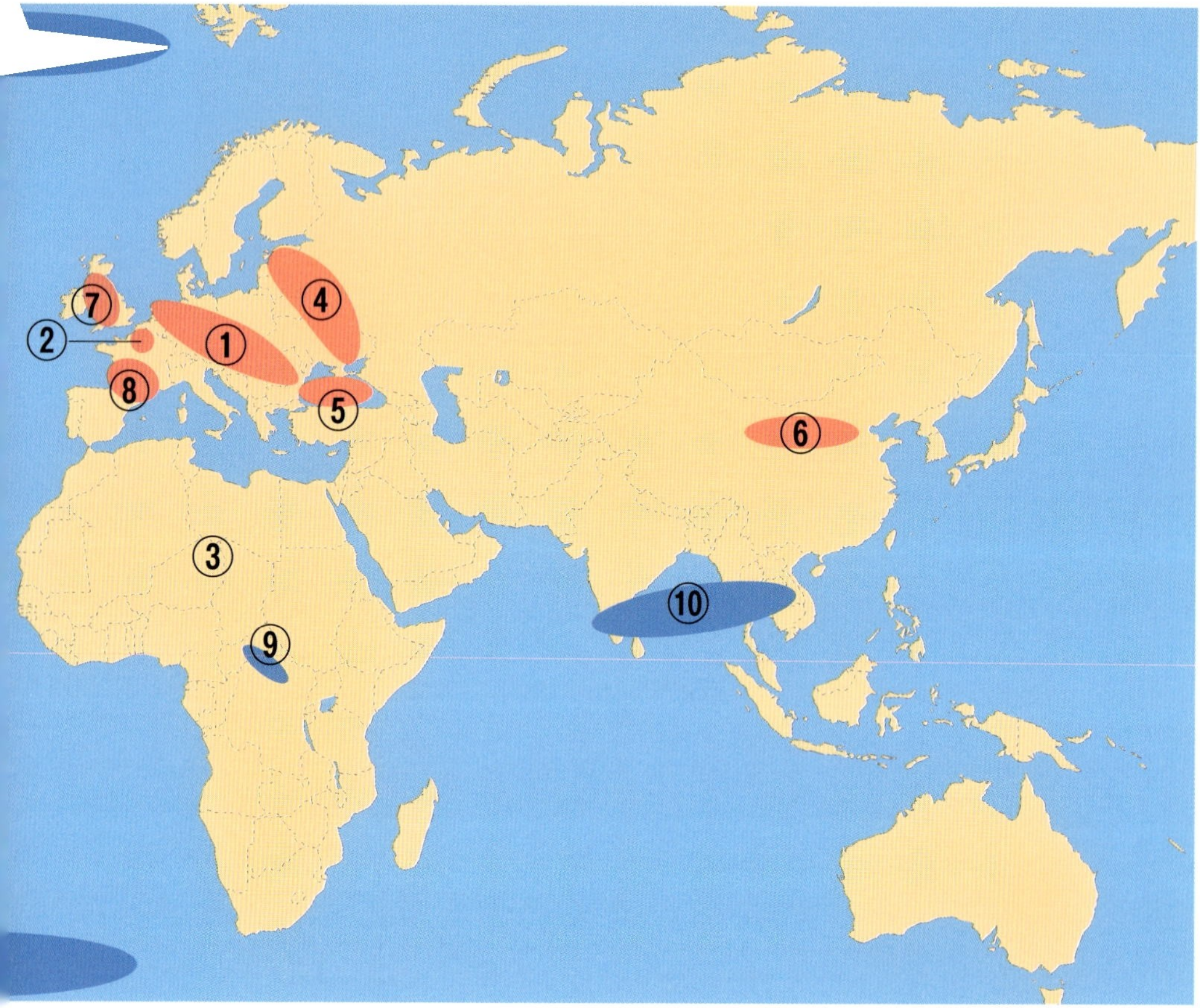

世界の川と運河の中で日本人にも馴染みのある水域のリバークルーズの中から、日本にその代理店があり日本語で相談したり予約できるリバークルーズだけを選び紹介しています（原則として）。

これらのリバークルーズに行くには

◆個人旅行として（FIT＝フォーリン・インデペンデント・トラベラー）、個人で船旅を設計して参加する。船内では主に英語で過ごします。

◆日本の旅行社が実施するリバークルーズのツアーに参加する。クルーズ代理店が自社扱いの船のツアーなら教えてくれます。道中、日本語で過ごせるのが普通です。

◇しかし旅行社が催行するのはその一部ですから、日本にクルーズ代理店がないがどうしても、というときには、ネバーランド・ピープルさん（03-3265-2488、以後ネバーランドと略記）に泣きつく**裏技**があります。

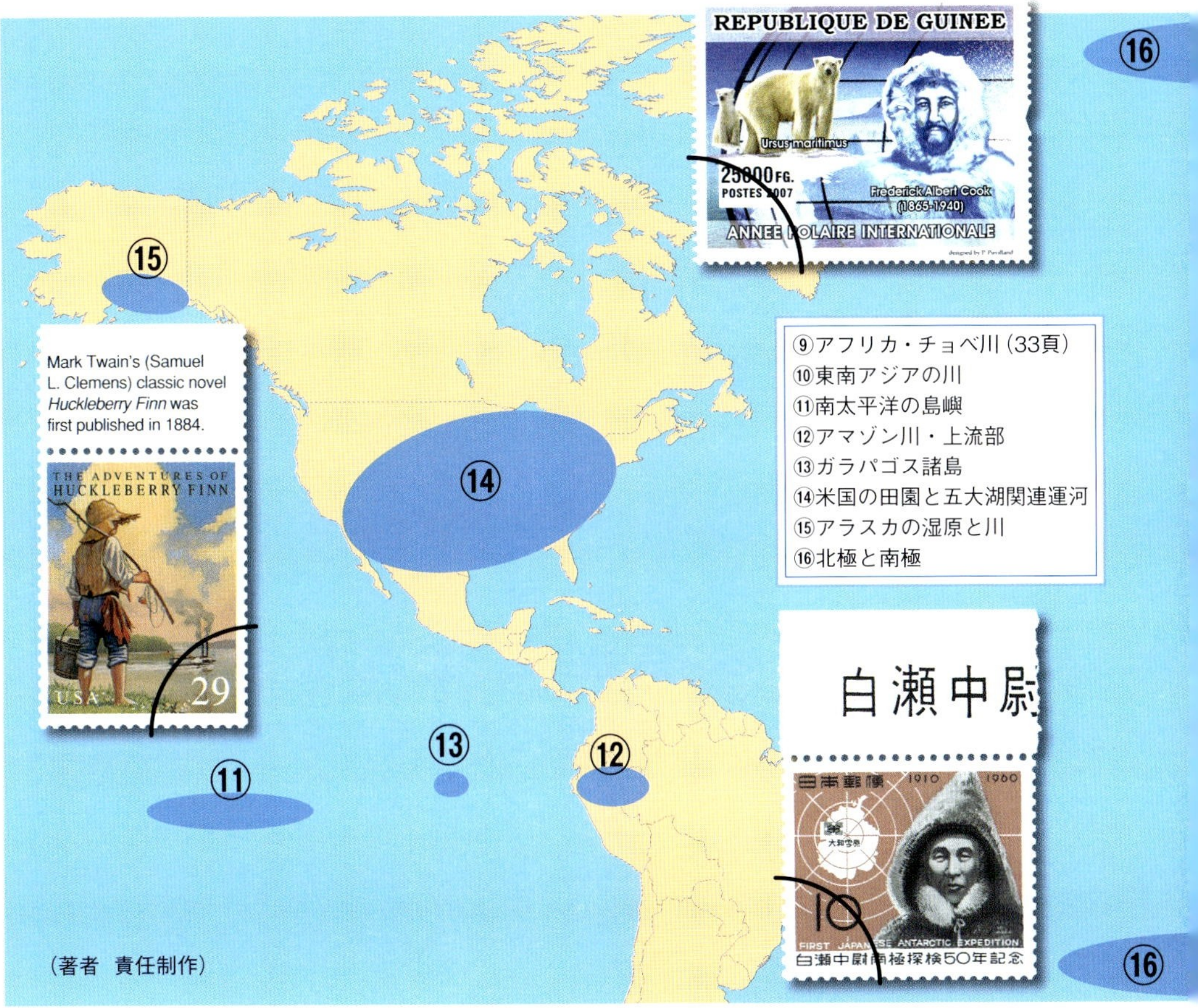

（著者　責任制作）

ペーパー・リバークルーザーに配慮しました

　1960年代の自動車黎明期には、「モーターファン」という人気雑誌があって、自動車に手が届かない若者はその本を貪り読んで、**のどの渇き**を癒したものでした。著者もその一人でした。ペーパー・リバークルーザーというのは、そのリバークルーズ版ですが、この本にはリバークルーズにまつわるお話をできるだけ多く収めるように努力しました。

ここでひとつお断りがあります

　世界の川と運河や海の小型船のクルーズには6頁に挙げた8つ以外に、上の地図の青色のように他にもあります。メイフラワー号でボストン近郊に入植した人たち（「海の船旅」編4頁）は、運河を掘って川とつなぎ、西へ西へと生活圏を広げていきました。永く放置されていた五大湖やミシシッピ川につながる川や運河にクルーズが最近復活して、150人乗りの**トムソーヤの時代のパドルホイール**（外輪）船も何隻か建造されて、**大草原の小さな家**の辺りや全米の20を超える田園で1週間前後のリバークルーズが始っています。この自然や歴史、音楽を探訪するクルーズは別の本にまとめることにして、この「川と運河の船旅」編では触れませんのでどうぞよろしく…。

リバークルーズの外国の船会社

海のクルーズとは別の船会社が世界の川と運河の船旅を提供しています。

◇地元水路で営業する**地方区の船会社**と

◇世界中の主要水路に就航し、主に米国からの旅行客を運び、その水路のクルーズをする**世界区の船会社**

の2系統の船会社がリバークルーズを提供しています。この「川と運河の船旅」編でよく出てくる船会社の名前は次の各社ですから、おいおい覚えてください。

◆ユニワールド・ブティーク・リバークルーズ
◆バイキング・リバークルーズ
◆AMA（アマ）ウォーターウェイズ
◆ルフトナー・クルーズ（アマデウス号）
◆ヨーロピアン・ウォーターウェイズ
◆ニッコウ・トラベル（日本の旅行社）

ニッコウ・トラベルは日本の旅行社ですが、セレナーデⅡ号を保有し、定員137名はみんな日本人乗客で、ライン川などのリバークルーズをしますから、リスペクトする意味でもここに加えました。また以後本書ではユニワールド、バイキング、AMA、ルフトナー、ニッコウと略記します。

米国の読者が選んだクルーズ・ベスト5

ナショナル・ジオグラフィック・マガジン社の「トラベラー」誌の米国読者が選んだ、世界のリバークルーズ船会社のベスト5をご紹介しましょう。また海の小型船は黒海など一部水域でリバーシップと相互乗り入れしますから、参考までに海の小型船ベスト5も紹介しておきましょう。この中でGCT〔注1〕は日本人には関係ない団体なので別にして、日本に自社のクルーズ代理店を置いている会社だけを選んだのが上記の5社です。日本に代理店がない船会社のチケットを日本語で買うには、クルーズ全般の「お手ったいさん〔注2〕」役の**ネバーランド**さんに若干の手数料を払って、海外のクルーズ代理店を通してチケットを買ってもらうことができますが、ネバーランドさんのことはまた後でお話します。

〔注1〕GCT：米国の退職教員の互助団体（AARP）の旅行部門がロングシップを持っていて、会員のためにライン川やドナウ川などのクルーズを実施している。

〔注2〕昔、関西の職人筋の間にあった職業で、わずかのお礼で遠くに急ぎで商品を届けたり、集金してきてくれたり、現在の宅配便のような役を果たしてくれました。「お手伝いさん」がつまったものです。

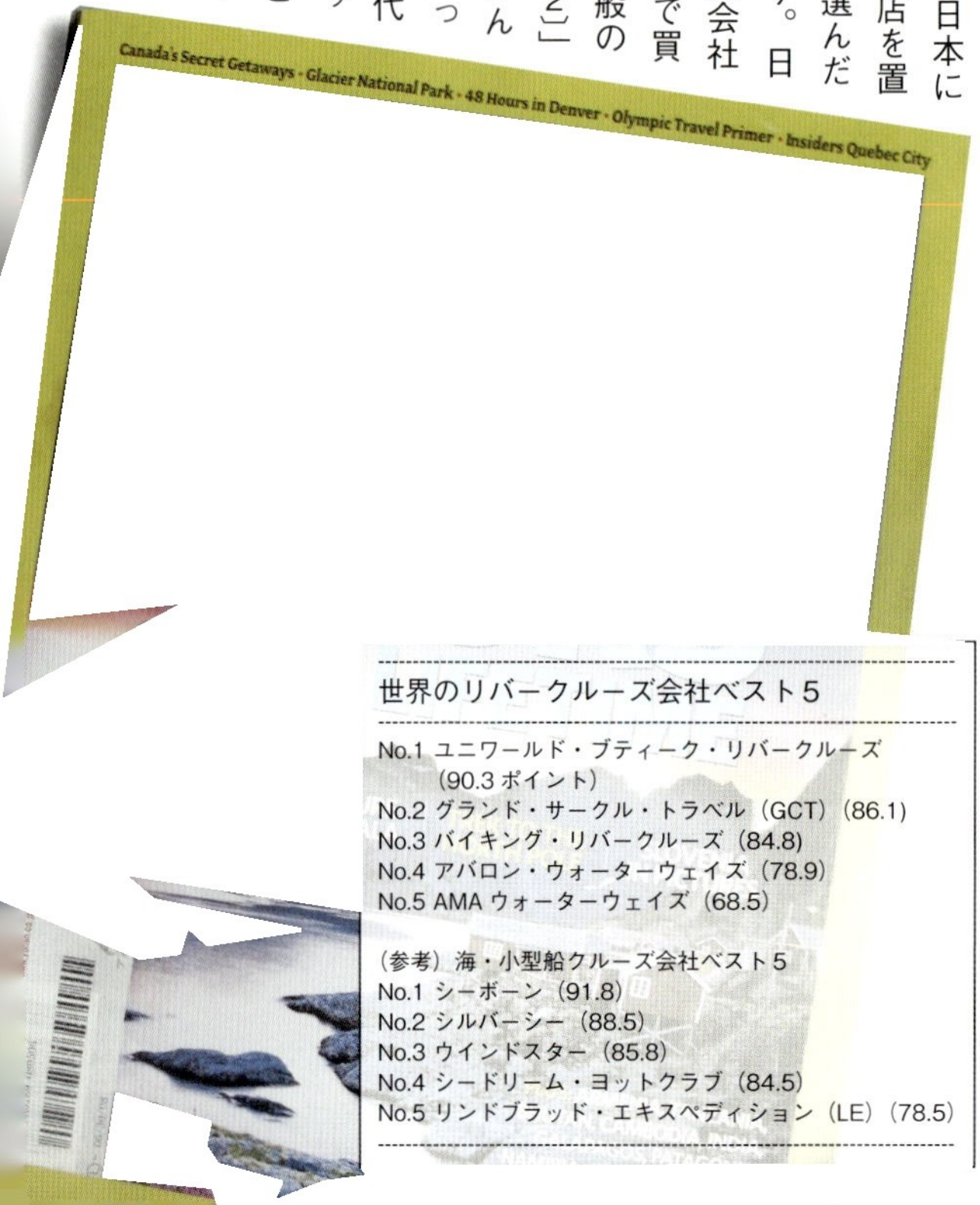

世界のリバークルーズ会社ベスト5

No.1 ユニワールド・ブティーク・リバークルーズ（90.3ポイント）
No.2 グランド・サークル・トラベル（GCT）（86.1）
No.3 バイキング・リバークルーズ（84.8）
No.4 アバロン・ウォーターウェイズ（78.9）
No.5 AMA ウォーターウェイズ（68.5）

（参考）海・小型船クルーズ会社ベスト5
No.1 シーボーン（91.8）
No.2 シルバーシー（88.5）
No.3 ウインドスター（85.8）
No.4 シードリーム・ヨットクラブ（84.5）
No.5 リンドブラッド・エキスペディション（LE）（78.5）

川と運河のクルーズ船

川と運河の船は安定していて揺れません。重心が低く、乗客の居住区は重心に近い低層階にあるからです。だから船酔いのことを心配する日本の女性にはリバークルーズはお勧めです。さて、その水路を運航するリバーシップの形は写真のようにそれぞれ異なります。川や運河の幅、ロック、インクラインの構造から強く制約を受けるからですが、その他に有史以来人々の営みを支えてきたその地域の水路の歴史を今に引きずっていることもあります。

たとえば独特の船形をした英国のナローボートは、あの産業革命を物流面から支えて、石炭や「複数の農産物や工業製品や植民地からのもの〔注1〕」を消費地の商店や工場の門口にまで輸送していたボートに起源があります。鉄道や自動車の登場でお役御免になって運河に放置されていたナローボートを、器用な日曜大工（サンデー・カーペンター）や日曜画家（サンデー・ペインター）がレジャー用に改装し、きれいに彩色して「運河を渡り歩くレジャー」が盛んになってきた〔注2〕のがきっかけになりました。その水路の歴史の転機を現地で目の当りにされた日本人がいらっしゃいました。その方は1983年6月末から85年10月初旬まで当地に留学されていた徳仁親王殿下です。殿下は学習院大学文学部史学科ご在籍中の「兵庫北関（現在の神戸港）の物流」のご研究に続き、オックスフォード大学では「18世紀のテムズ川の水運」をご研究になりましたが、ご帰国に際して「The Thames as Highway」としてまとめられて、その研究成果を同大学出版会から出版されました。その英文ご報告書に収録されている20数葉の貴重な銅版画の大半は物資を運ぶ船（多くはバージ）の絵や運河、ロックの風景図で、日本では貴重な絵です。そのバージは現在はテムズ川やスコットランド、アイルランドなどでホテル・バージとして再生・就航している他、フランスの田舎やイタリアのヴェネツィアなどで合わせて19隻ものホテル・バージが個性的なリバークルーズを提供してくれています。殿下のご報告の中に出てくるいくつかの興味あるお話は、本書でこの後も折に触れてご紹介します。

〔注1〕徳仁親王著『テムズとともに』学習院教養新書、1993年、188頁

〔注2〕同190頁

リバーシップや海の小型船が就航する水域

アマデウス・ロイヤル号
（約150名乗り）
ライン、ドナウ、オランダの川

海の船に似た大河を往く船
（約200人乗り）
ロシアの川、長江

ホテル・ナローボート
（約8名乗り）
英国の田園地帯や湖沼地方の水路（小運河）

ホテル・バージ
（約12名乗り）
フランス、ポルトガル、イタリア（テムズ川にも少し）

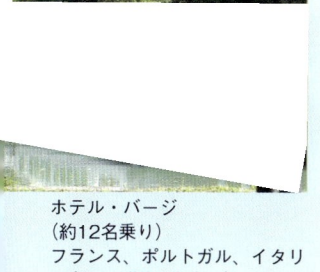

リバークルーズの魅力

デッキで川風に吹かれて移り行く水辺の景色や古城を眺めて過ごしたり、身軽な姿で寄港地散策やバス観光に出掛けたり…いつもホテルが一緒に付いて来てくれるから楽です。

川や運河のどこの水域も、たくさんのクルーズ船で賑わっています。ドナウ川水系の人気寄港地の一つのウィーンでは、あの大観覧車の近くの船着場で、ロングシップが2列、3列の並列駐船をしています。

さて現代リバークルーズの特徴は次の通りです。

●世界区の船会社が手頃な価格のリバークルーズの投入を始めた

世界区のバイキング社はあのリーマンショックから立ち直る2009年から、早期購入客には従来のクルーズ価格を半額にする、ツー・フォー・ワン制度を始めました。その結果、下のパンフのようにソールド・アウトが続出していますが、これは海の船旅でカーニバル社などがとったのと同じ作戦です。

●地方区の雄ルフトナー社まで泊単価200ドル以下で提供を開始した

本社がオーストリアにあり、気品溢れるリバークルーズを提供すると定評があるルフトナー社は、リバークルーズで初めて標準価格で泊単価が200ドルを切るキャビンを、全コースで提供開始しました。

●広々としていて高級感溢れる良質キャビンが投入されはじめた

従来の乗客は、自分のキャビンで寝て、朝はシャワーを浴びて着替えを済ませたら、後はロビーかデッキに出てみんなと一緒に一日を過ごすのが普通でした。そこには清潔感溢れる質素なキャビンがあれば充分でしたが、全国区の御三家はリーマンショックの後で、寝室とリビングが壁で隔離された、左頁のイラストのような広いキャビンの提供を始めて、これが成功したようです。米国や日本の女性たちは高い交通費を払ってドナウ川流域まで出掛けるので、キャビン価格が少々高くてもあまり気にしないのだそうです。

リバークルーズの人気コースの中には、このバイギング社のクルーズ（63頁）や、あるいは日本のワールド航空社（ベルリンからオランダへ・船内10泊、29頁）の例のように、パンフの準備にかかったときにすでに売り切れ（Sold Out）のキャビンもあります。

Footsteps of the Cossacks ODESSA TO KIEV ⁜ 12 Days / 8 Guided Tours

2012 CRUISE
SPECIAL SAVINGS DISCOUNT: 2-FOR-1 cruise
Prices below are per person. Offer expires Feb 29, 2012.
ASK FOR 01D

Make the most of your journey; consider Category A or B Deluxe staterooms for the best views.

2012 Embarkation Dates aboard VIKING LOMONOSOV		DELUXE (AX)	DELUXE (BX)	DELUXE (CX)	STANDARD (C)	STANDARD (D)	STANDARD (E)
May 3† Jun 16, **27**	Brochure Fare 2-FOR-1	SOLD OUT	SOLD OUT	SOLD OUT	~~$5,499~~ 2,838	~~$4,699~~ 2,438	SOLD OUT
Jul 8†, **19**, 30† Aug **10**	Brochure Fare 2-FOR-1	SOLD OUT	SOLD OUT	SOLD OUT	~~5,299~~ 2,738	~~4,499~~ 2,338	SOLD OUT
Sep 12† Oct **3**	Brochure Fare 2-FOR-1	~~8,199~~ 4,188	~~7,399~~ 3,788	~~6,999~~ 3,588	~~4,899~~ 2,538	~~4,099~~ 2,138	~~3,999~~ 2,088

Port charges are included in your cruise fare. Bold dates are reverse itinerary. Visit vikingrivercruises.com/ships for deck plans and details.

新造ロングシップのバイキング・フレヤ号の7泊クルーズ（ブダペスト〜ニュルンベルク）の各キャビン別のクルーズ価格です。

川

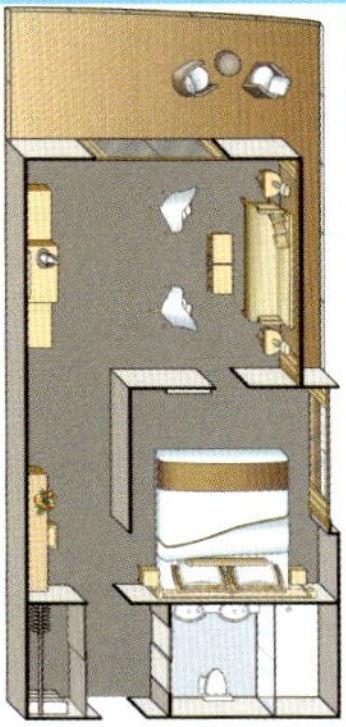

①エキスプローラ・スイート
（バスタブ付き）
（広さ：40.8㎡）
2室あり
$6,556（泊単価$937）

②ベランダ・スイート
（バスタブ付き）
（広さ：35.2㎡）
7室あり
$4,356（泊単価$602）

川

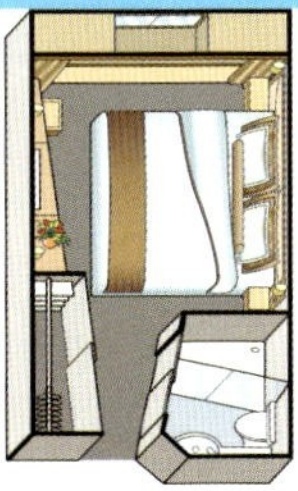

⑤スタンダード
（広さ：13.8㎡）
25室あり
$1,656
（泊単価$237）

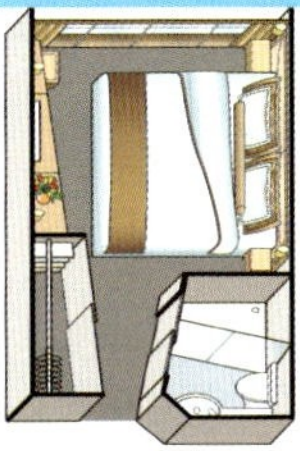

④フレンチ・バルコニー
（広さ：12.4㎡）
22室あり
（奥行き12cmのバルコニー）
$2,256
（泊単価$322）

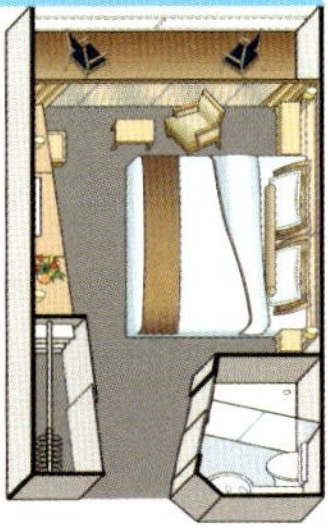

③ベランダ
（広さ：18.8㎡）
39室あり
$2,656
（泊単価$379）

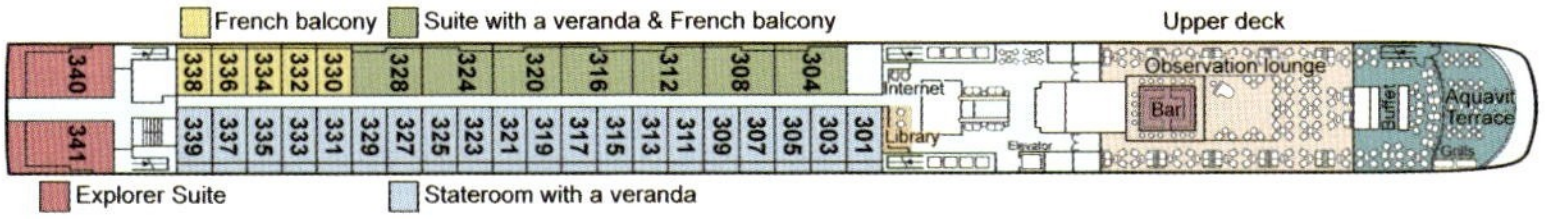

米国人（日本人も）とヨーロッパ人の過ごし方

地元ヨーロッパの旅行客は、船のロビーで景色を楽しんだり、趣味の編み物をしたり、本を読んだりして、のんびりくつろぎますが、米国や東洋からの旅行客の多くはカメラを持ってうろうろ。船尾の許されたところでタバコを吸うヒスパニック系の人も多いです。

そこで、個人旅行客と団体客とを分ける

バイキング社は、どこの川の桟橋にもバイキングの名前を書いた専用桟橋を持っているくらいの、リバークルーズのリーダー的会社ですが、2011年から個人旅行客（FIT：フォーリン・インディペンデント・トラベラー）と団体ツアー客が1つの船に相乗りしないように改めました。

その代わりに、船を丸ごと旅行社にチャーター提供する営業に力を入れているので、日本の旅行社もこのチャーター便で日本人添乗員も付けて自社のリバークルーズのツアーを実施しています（本書ではそれらに●マークを付けて区別しています）。

① ライン～ドナウ川系

ライン～ドナウ川系は、世界の川と運河のクルーズの花形水路です

　ヨーロッパ大陸には東西を横断する長い水路があり、そこが世界でいちばん人気のあるリバークルーズの舞台です。この大水路は、オランダ側から言うと

◆ライン川
◆マイン川
　◇マイン-ドナウ運河
◆ドナウ川

を順次通過し、３５００キロもリバークルーズして、最後は黒海に出ます。その途中でワインで有名なモーゼル川に寄り道することもできます。

　ヨーロッパ大陸の水路は、このようにいくつもの川が運河で結ばれて構成されています。その上、その水路にはロックという水の階段があり、船は乗客を乗せたまま、400メートルの高さの山でも楽々と越えます。

　ですから中学の地理の復習ではありませんが、リバークルーズの紹介に入る前に、ヨーロッパ大陸の川や運河、それとロックの仕組みを理解しておきましょう。

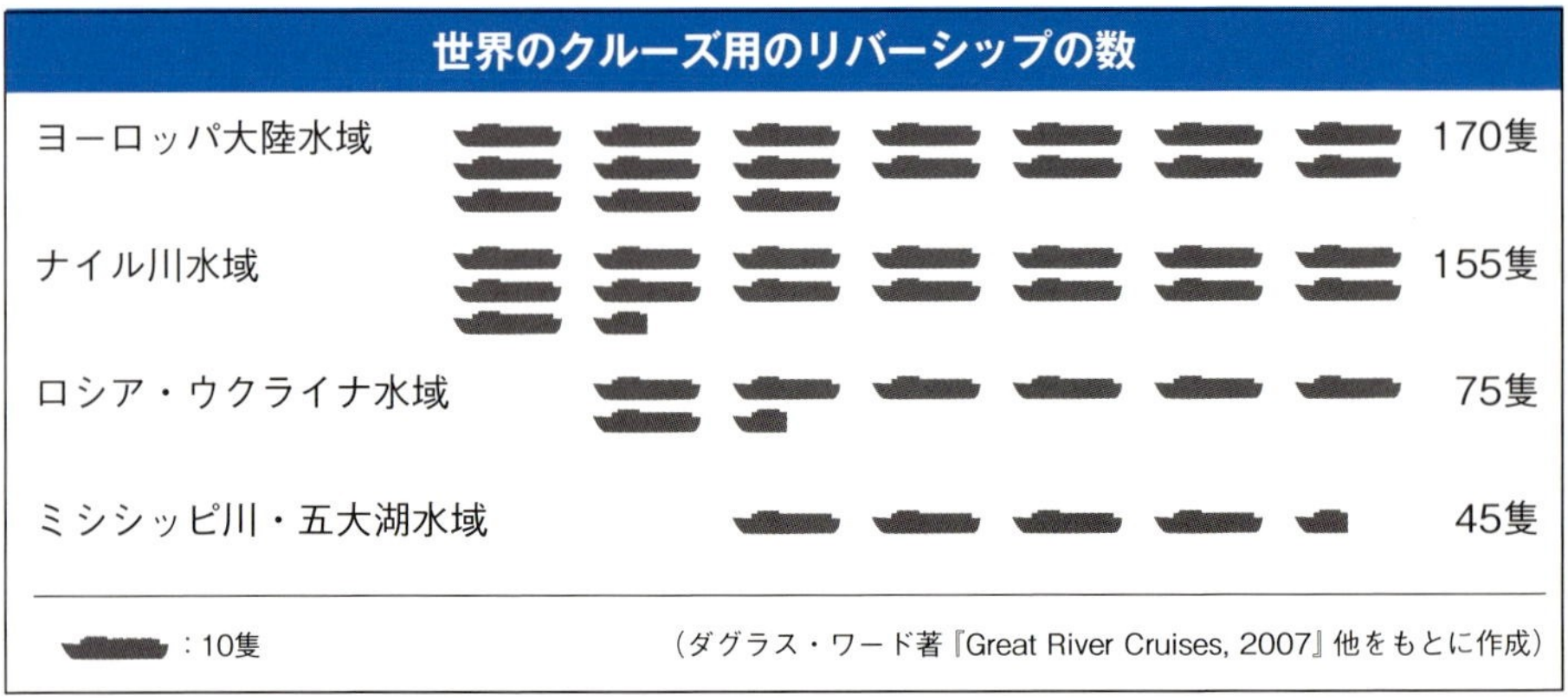

（ダグラス・ワード著『Great River Cruises, 2007』他をもとに作成）

ライン川とドナウ川、この二つの川は共にスイスアルプスが源の姉妹川です

最近は、みんな飛行機で旅行するためか、世界の川や山脈のことは地理の授業でも、海外旅行のガイド本にも、あまり触れていないので、この本では各水域の紹介ページの冒頭で、そこを流れる川の地理について説明しています。

すでにお話ししたとおり、世界中の国々では、川や運河に沿って都市が発達し、そこに独特の文化が芽生えました。交通手段の中心が鉄道や自動車に移ってからは、新たに観光客がその水路を船でクルーズする楽しみを覚えましたが、ナイル川をクルーズ発祥の地だとする説もあります。ナイル川は一本で、これは単純ですが

- ◆ヨーロッパ大陸ではライン川とドナウ川
- ◆フランスではミディ運河系、ソーヌ川、ローヌ川、セーヌ川
- ◆イギリスではテムズ川やグランドユニオン運河

などが水運の大動脈となり、これらと多くのその支流や運河が網の目のように結ばれて、多彩な水路網を構成しています。ヨーロッパ大陸の水路だけでもその全部を一度に理解するのは、とくに日本人にとっては大変なことですから、この本ではまずライン川とドナウ川の地理をみなさんにはっきり理解してもらってから、他の川や沿岸都市を覚えていくという方法で、以下の説明を続けることにします。

世界の高山ベスト 5

1. エベレスト	8,848m
2. K2	8,611m
3. カンチェンジュンガ	8,586m
4. ローツェ	8,516m
5. マカルー	8,463m
(参考)	
富士山	3,776m
北岳	3,193m

ヨーロッパの屋根「スイスアルプス」は、高さでは世界の高山ベスト5にとても及びませんが、アクセスがよく、最高峰のユングフラウ(4,158m)の直下まで、クルーズ船が到着するバーゼル港から、スイス鉄道や登山電車を乗り継いで、わずか3時間程で行けるので有名になっています。

水路でのトリック（その1）
水の階段・ロック

ロックの原理は簡単ですから、リバークルーズがより楽しめるように、どうぞパスせずにここを読んでください。（トリック（その2）インクライン（傾斜船路）は80頁に説明してあります）

ロックは水の浮力、つまりあのパスカルの原理を利用しています。

図のような浴槽の底に木製の船があるとしましょう。浴槽に水の出し入れするだけで、どんなに重い船でも上下させることができます。

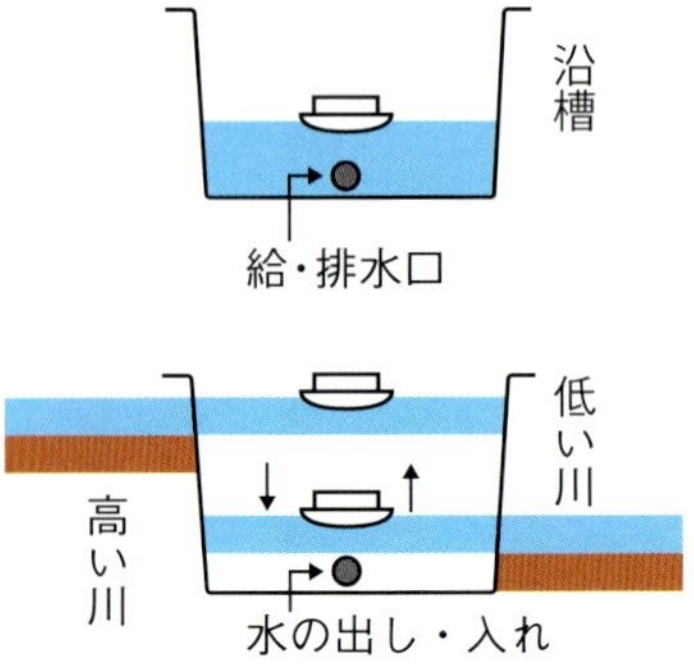

家庭用の風呂のように、下の方の給・排水口から給水すると船は浮かび上がり、排水すると船の位置は下がります。

そして上と下に船の出入りする扉があれば、船は高低差のある水路をスムーズに移動できるのです。このように、ロックに必要なのは**給・排水口と両側の扉**（ゲート）だけです。ゲートは94頁の図やDVDの映像のように乗客が協力して作業する**手動式**と、ギロチンのように扉が**動力**で上下するものがあります。産業革命以前の英国では、木製の蓋（パドル）で出入口を人手で塞いだり外したりしました。写真がまだなかった当時のパドルの貴重な銅版画（94頁に記載）が残されていて、国会図書館（１０３頁）で閲覧できます。

水圧の関係で一つの木製ロックでは3〜5メートルの水位差しか克服できないのが普通で、もっと大きい水位差がある水路では、このロックを階段のように連続配置します。

たとえば

フランス・ミディ運河のフォンセランヌの連続7段ロック（１０９頁）や、

長江・三峡ダムの5段ロック（80・81頁）

などがその例です。

三段ロックの例

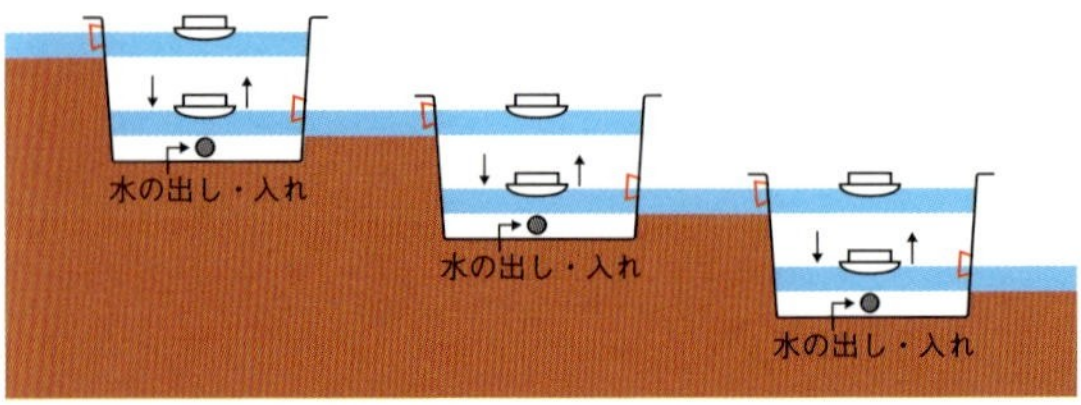

スカンディナビア半島南部には半島を東西に横断するようにヨータ（イェータ）運河があります。スウェーデンのストックホルムから西のヨーテボリまで、沢山の湖や森を縫うようにロック付きの約370kmの運河が神々しいまでの水路を形成しています。そこには右写真の前から順に、Wilhelm Tham号（1912年進水）、Juno号（1874年進水）、Diana号（1931年進 水）の260トン・28客室前後の三姉妹クルーズ船が、1泊・3泊・5泊のクルーズ（泊単価：約5万円）を提供しています。

スイスアルプスは、ヨーロッパの屋根だ、とよく言われます。

4000メートル級の峰が6つも7つも並ぶスイスアルプスは、下の地図のように北に伸びて、やがて東に折れ、ニュルンベルク辺りでは普通の山脈に吸収されてしまいます〔注〕。日本からスイスはそう度々行けるところではないので、この本の巻末特集では、スイスアルプスでの散策とリバークルーズを一つの旅で一度に楽しみませんか、と皆さんをお誘いしています。どうぞお楽しみに。

スイスアルプスは世界遺産

2001年、アイガー、メンヒ、ユングフラウの三峰とアレッチ氷河エリアがユネスコ世界遺産に登録。

2007年にはエリアが拡長されて、正式登録名は「スイスアルプス／ユングフラウ＝アレッチ」になった。

さて、これからのお話は、天地創造の頃のことと思ってください。最高峰のユングフラウの山頂は万年雪に覆われていますが、そのナイフの先のように尖った頂きに、ひとかけらの雪が舞い落ちました。

〔注〕ライン川とドナウ川を理解しやすくするために、実際の地形を少し脚色して説明しています。

♪ あめふり くまのこ ♪

作詞　鶴見正夫

おやまにあめが ふりました

あとから あとから ふってきて
ちょろちょろ おがわが できました

いたずら くまのこ かけてきて

そうっと のぞいて みてました
さかながいるかと みてました

なんにもいないと くまのこは
おみずを ひとくち のみました
おててですくって のみました

JASRAC 出 1215729-201

華麗なるクルージング 海の船旅
渡邊八郎 著
定価（本体1,480円+税）

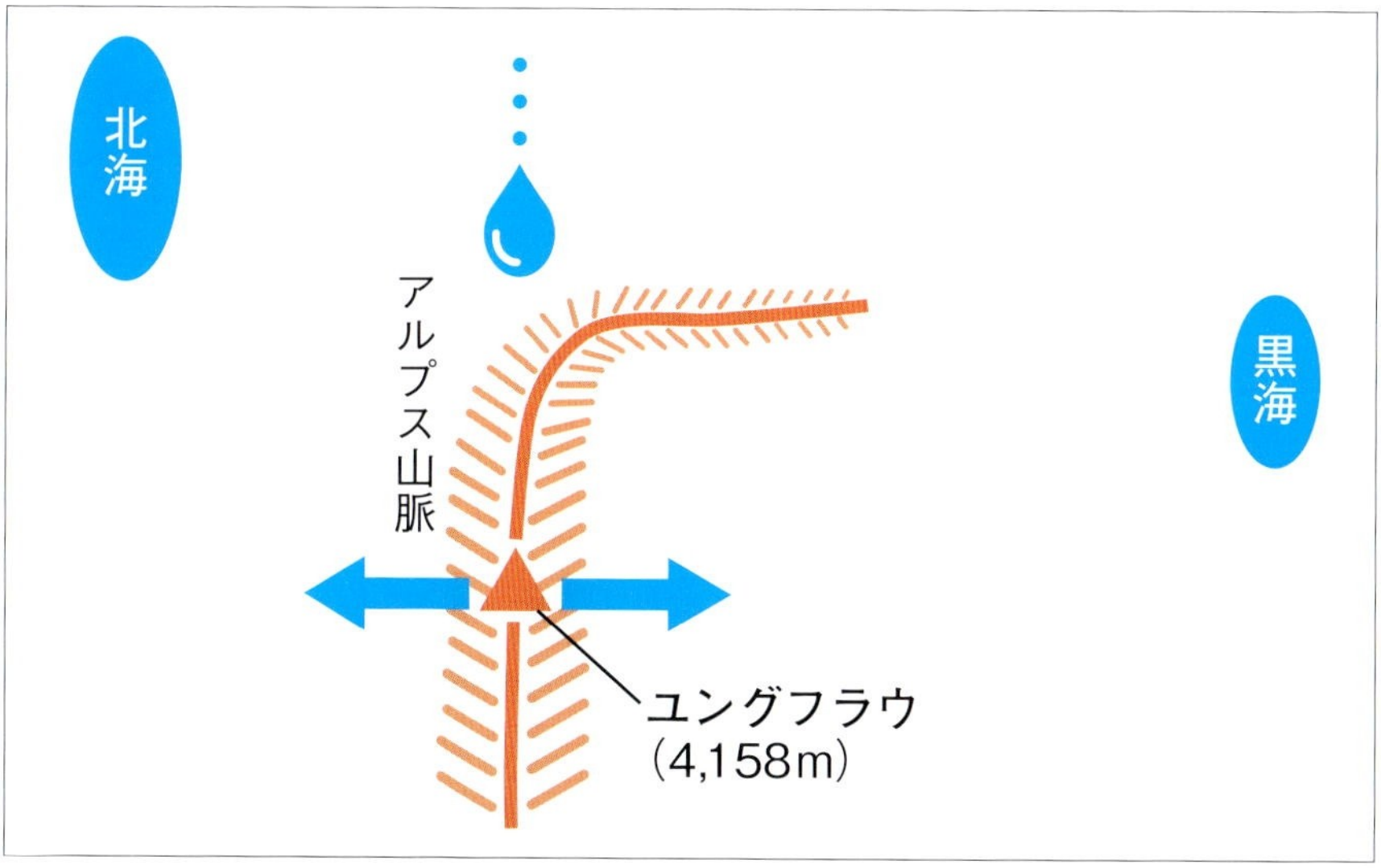

その雪のひとかけらは頂きで二つに割れて「じゃ、またね」とそれぞれ東側と西側に…

ここのところを正確に書くと、**アルプスの西斜面を滑り落ちた雪片の半分**は、数千年かかって氷河の下端から水になり、ちょろちょろ流れてスイス国内に入って小川になり、やがてライン川となってアルプスの砂を巻きこんで西に流れて、オランダのあたりでは何本にも分れて、三角洲（デルタ）のアムステルダムやロッテルダムで海に達します。アムステルダムとロッテルダムの間は普通電車で1時間ほど。共にリバークルーズでよく使う港街です。

一方、**東の斜面に滑り落ちた雪片の半分**は、「黒い森」と呼ばれている深い森林に一時蓄えられますが、春になると雪は融け出して小川になり、それが集まってやがてドナウ川となります。ドナウ川の水もアルプスの砂を巻きこんで、東へ東へと流れて黒海に注ぎ、ドナウデルタをつくります。ドナウ川の下流500キロ程は高低差がほとんどなく、ドナウデルタの手前で砂は川底に堆積してしまい、今ではリバークルーズの船の航行の邪魔をしていますが…。

さあこれで、アルプスを源として、八の字を逆さにしたように東・西に流れるドナウ川とライン川のこと、はっきり覚えてもらえたでしょうか。

モーゼル川とマイン川

モーゼル川はフランスに源流があり、そこから北方に流れてライン川に合流します。この川の両岸はモーゼルワインの産地として有名です。上流はいくつもの細い運河でセーヌ川・ソーヌ川・ローヌ川・ミディ運河系と結ばれているので、そこの運航ライセンスを持っていれば、小型ボートやヨットでライン川から地中海まで抜けられます。

一方、マイン川は、ライン川から途中で北のほうに分かれる支流です。次頁で説明するように、ドナウ川方面から来た船は山越えの運河でいったんこのマイン川に入り、マイン川経由でライン川に出ます。

モーゼル川もマイン川も、よくリバーシップが運航しますから、名前と位置関係を下の地図でよく覚えておきましょう。

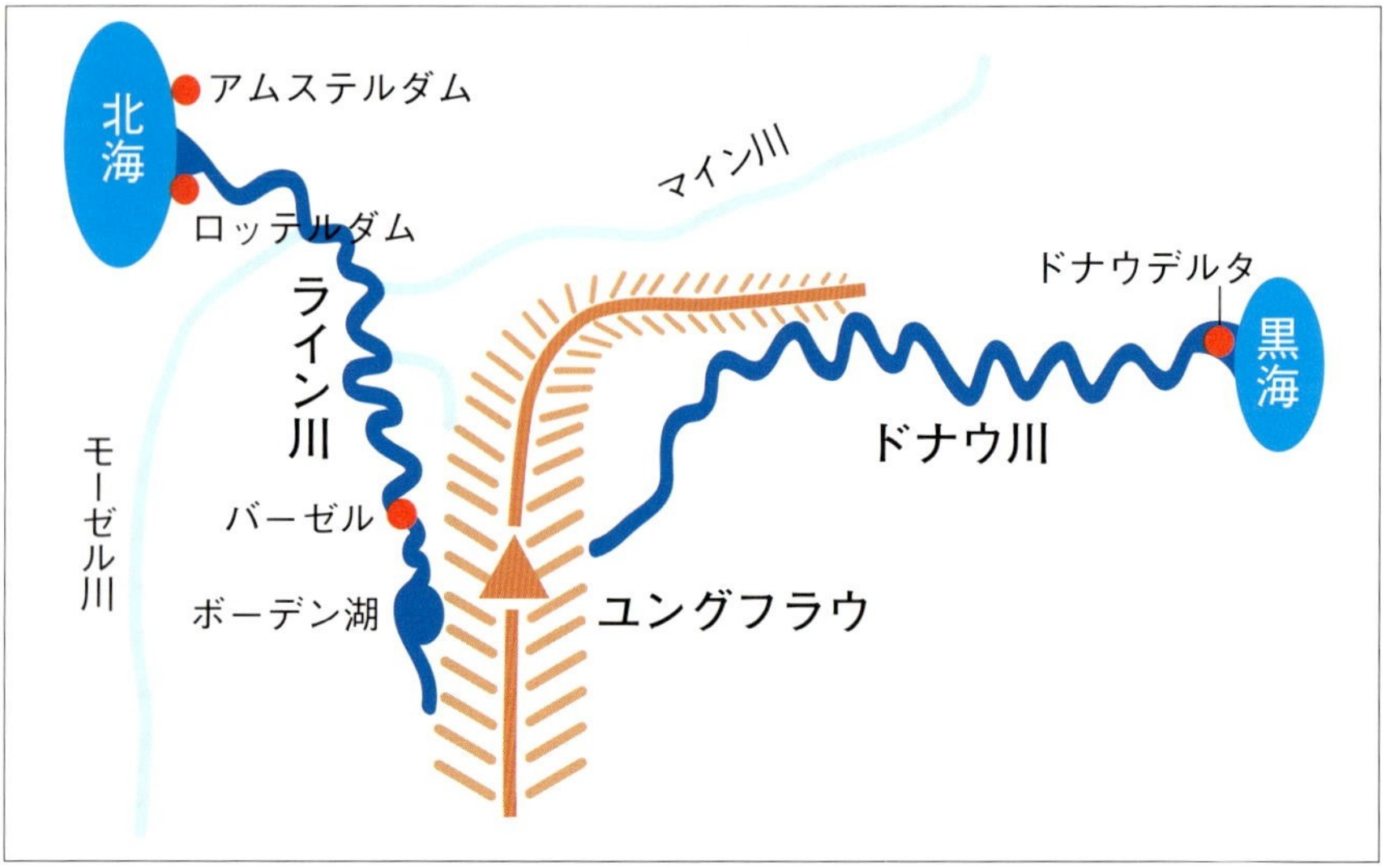

1200年かかった、カール大帝の夢の実現
～マイン-ドナウ運河～

カール大帝はフランク王国の王で（742～814年）、天命を受け四国の満濃池を改築した弘法大師（空海）とほぼ同時代を生きた人です。

ライン川のローレライには、魔女が住むという伝説まで生まれたくらい流れの急なところがありますが、沿岸の人口は多く、ライン川の水運は昔から盛んでした。沿岸の諸侯は通行税〔注〕を取り立てる目的で川を見渡せる所に見張城（砦）を設けました。昔は川を通る船を見張った砦が、いまは逆にクルーズ船上から観られています。

一方、**ドナウ川は流れも緩やかで長い沿岸を持ち**、産物の水運は早くから盛んでした。

カール大帝の居城はアルプス山脈の東側にありましたが、在位中に何回も遠征し、アルプスの地理は熟知していました。そこで、**マイン川とドナウ川を山越えの連続ロック**（水の階段）の運河で結ぶと東欧と西欧間の通商は盛んになり、その運河の位置はニュルンベルク（ドイツ、標高約400メートル）がベストと考え、カール大帝は「手掘り」同然で工事に着手しましたが、途中で挫折。その遺志を受け継いで19世紀にバイエルン王のルードヴィッヒ一世（1786～1868年）が馬や人が曳く小舟なら通れる通称ルードヴィッヒ運河をやっと開通させました。それが下の地図のように、1992年9月に1000トン以上の汽船も通れる現在のマイン-ドナウ運河に改修されて、ヨーロッパ大陸を東西に横断する大水路が完成。北海と黒海が水路でつながり、私たちもそこを次頁のとおりクルーズできるようになりました。なお、ニュルンベルクの南にフォッサ・カロリナ（カール大帝の手掘り運河の遺構）が残されています。

〔注〕通行税として積み荷の一部を取り立てることもありましたが、それを年の暮れに換金するための「いち」が後のクリスマス・マーケットに発展した国もありました。

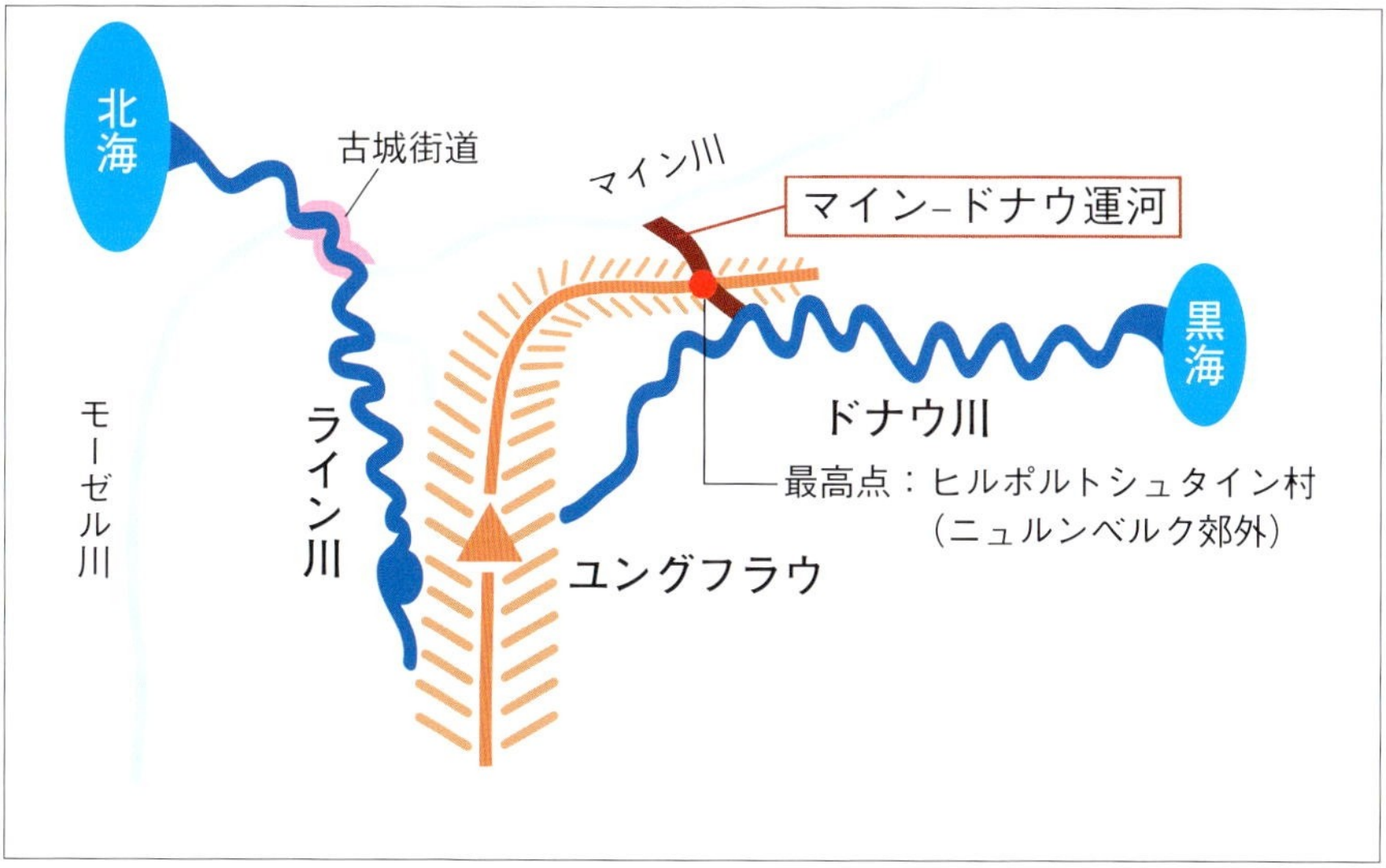

グランドクルーズ
東西ヨーロッパ大横断

ヨーロッパ東西横断全水路の地図を左頁に掲載しました。下の高低断面図のように多数のロック（水の階段）を一段一段登って、ヒルポルトシュタイン村で最高点４０６ｍに達し、そこからまた多数のロックで下ります。このように長い水路の全距離は約３５００㎞。このように長い**全水路を端から端までクルーズすること**を、**グランドクルーズ**と呼ぶことがあります。

たとえば長江のグランドクルーズは**上海～重慶**、ロシアでは**モスクワ～キジー島～サンクトペテルブルク**、米国ハドソン川では**ニューヨーク（ハドソン川）～エリー運河～五大湖～シカゴまたはセントローレンス川**などです。

世界の定番リバークルーズ

日本人のリバークルーズ旅行者もこの数年だんだん増えて、業界の年中行事化しているリバークルーズが出てきました。

◇東西ヨーロッパ大横断リバークルーズ（ゆたか倶楽部実施、ここで紹介）と

◇北ドイツからアムステルダムまでのリバークルーズ（ワールド航空サービス、29頁）と、外国の旅行団体のものですが

◆同一船で地中海連続リレー式クルーズ（トラベル・ダイナミックス・インターナショナル、58・59頁）。

この３つに共通するのは次の点です。

- このところ毎年、定例的に実施されているので、旅行者が各自の長期予定や予算の中に取り込みやすい。
- 内容はだんだん充実し、とくに自社企画担当者が添乗員兼ガイド役で同行するので、参加者の満足度が高い（日本語ガイドが好評）。その結果、いずれも毎年早期に完売しています。

東西ヨーロッパ大横断

このコースはリバークルーズの世界区各社が、多くは前後のツアー付きで実施しています。ゆたか倶楽部は私が知っている範囲でも約10年前から、いまと同じユニワールド社のグランドクルーズから米国市場向けのパリ・ツアー部分を外して、クルーズ部分だけをゆたか側で20室ほど買い取る形で実施していましたが、２０１２年は6月出発と8月出発の年2回実施に拡張したにもかかわらず早々と完売しました。

クルーズ No.1 ●

東西ヨーロッパ大横断（ドナウデルタ付近～アムステルダム）グランドクルーズ

27泊（内・船内25泊）
1,388,000円（キャビン約14㎡）
～1,758,000円（キャビン約20㎡）
飛行機代、クルーズ代、寄港地観光代、船内チップ、ホテル2泊代含む

日	港（船着場）／予定
1	空路ブカレストへ、H泊
2	シナイア観光、H泊
3	ブカレスト市内観光後・乗船
4	ヴァルナ観光・以下船内泊
～	
14/15	ウィーン、自由行動
16	バッハウ渓谷へ
～	
19	マイン-ドナウ運河航行 午後ニュルンベルク観光
～	
22	マイン川・寄港地観光
24	ライン川・寄港地観光
～	
27	アムステルダムで下船、空港へ
28	日本の空港着、解散

ゆたか倶楽部では東京の他に大阪でも説明会開催。

ツアーの実施：ゆたか倶楽部
東京 03-5294-6261
大阪 06-6455-0931
横浜 045-227-8211
（有料の月刊誌発行）
クルーズの実施：ユニワールド

就航船の例：リバー・コンテス号
長さ110m×幅11.4m、乗客134名
ラウンジ、レストラン、受付、客室、洗濯室

● マークは、日本語（人）添乗員付き

Amadeus Princess (Photo ： Lüftner Cruises)

2 階　STRAUSS-DECK　シュトラウス・デッキ

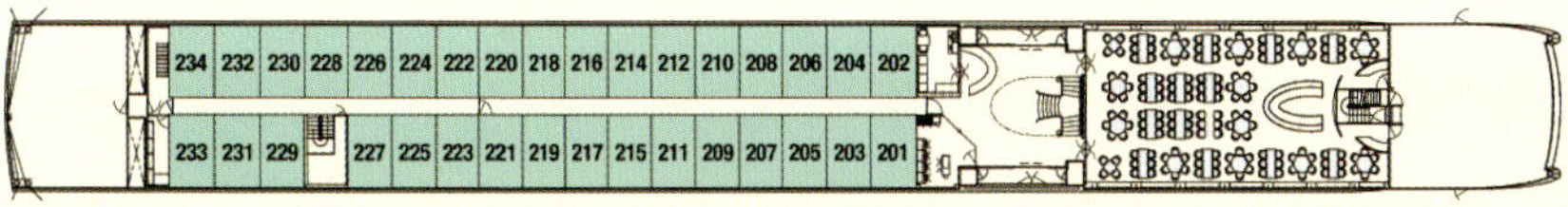

1 階　HAYDN-DECK　ハイドン・デッキ

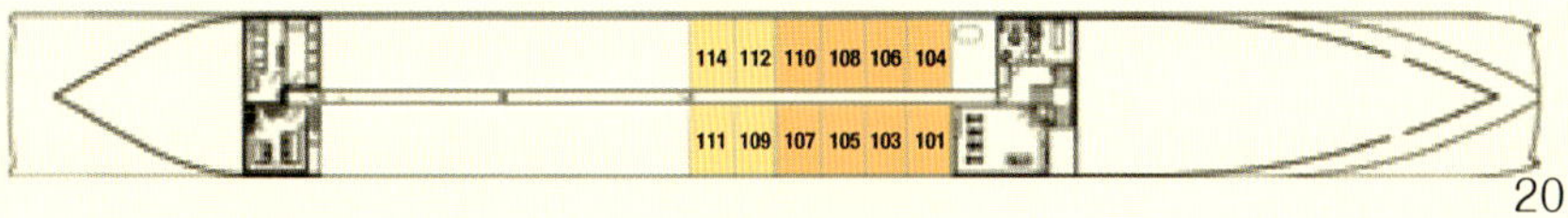

上８点の写真　⑧　⑦　⑥　⑤　④
© 阿知波七郎・はる子

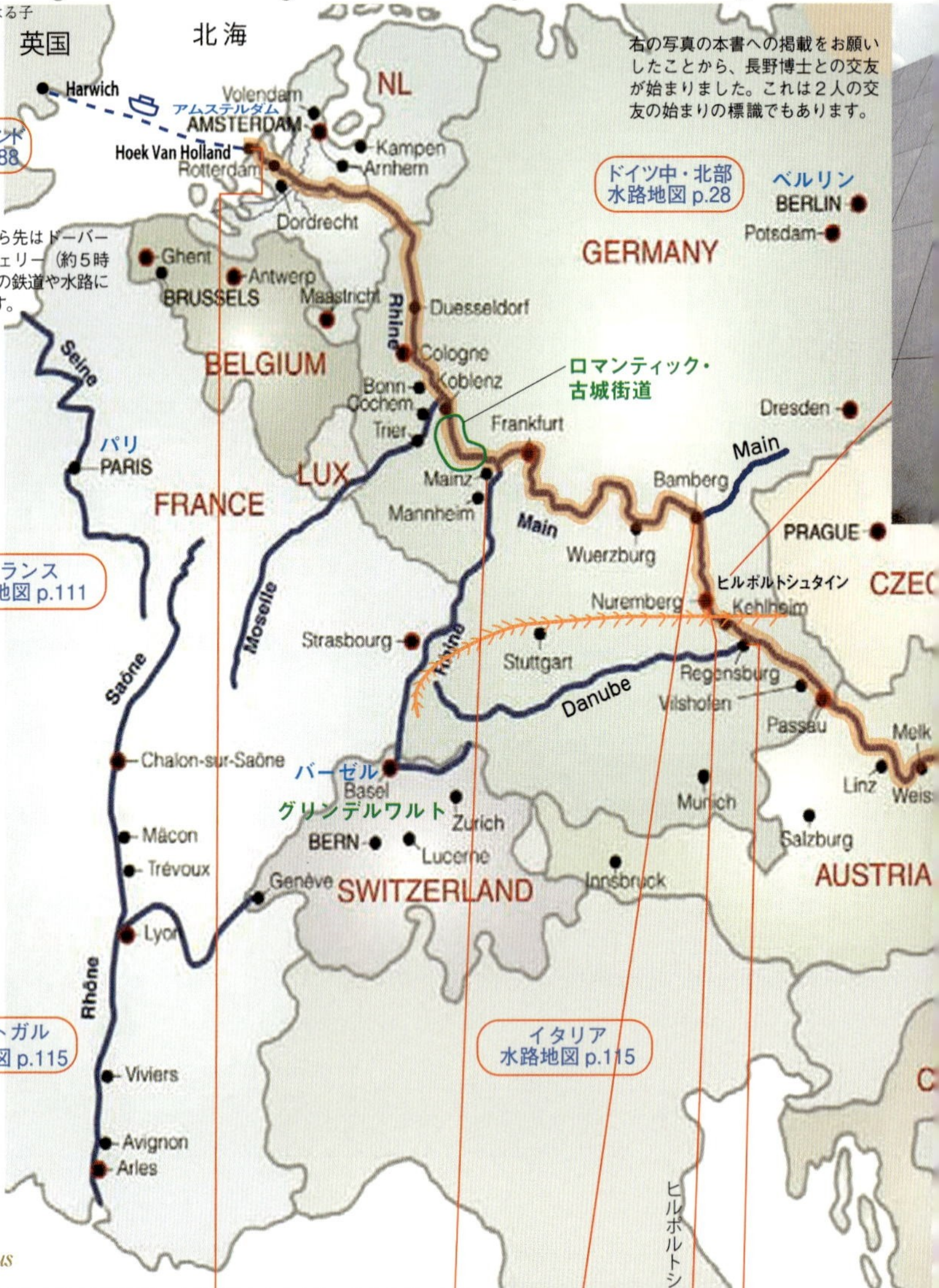

ロッテルダムから先はドーバー海峡越え国際フェリー（約５時間）経由で英国の鉄道や水路につながっています。

右の写真の本書への掲載をお願いしたことから、長野博士との交友が始まりました。これは２人の交友の始まりの標識でもあります。

＊東端のドナウデルタ部を正確に書いた地図はなかなかないのですが、上の地図はオーストリアの主であるルフトナー社の作成した水路地図に、オランダ部分を私が加筆したものです。ドナウデルタの手書き詳細図は75頁をどうぞ。

地図 ©Lūftner Cruises ／ © 渡邊八郎

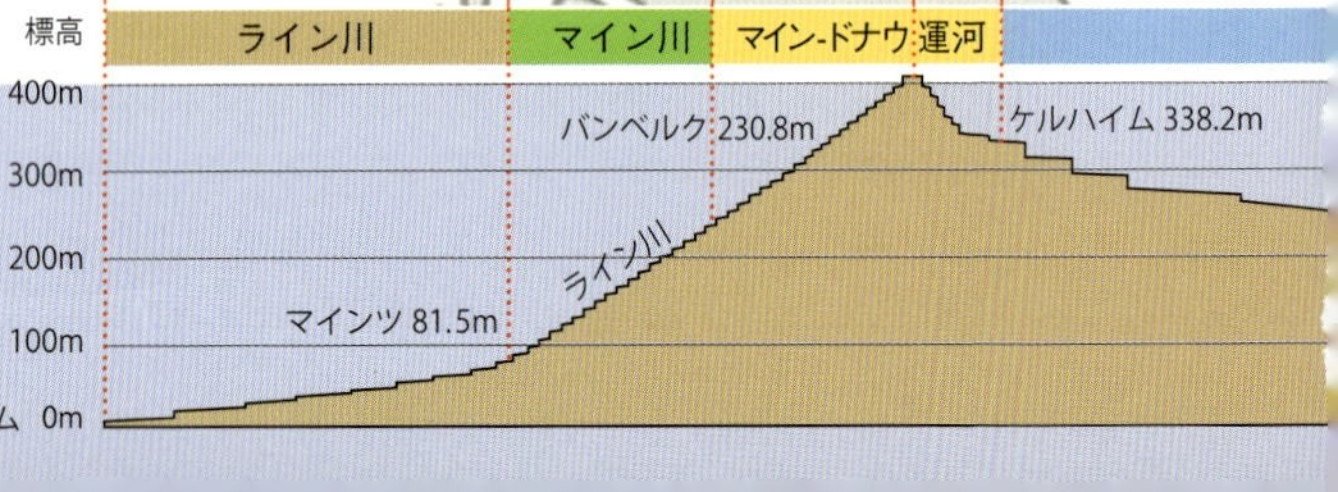

③

②

①

外国船クルーズに年に一回は参加するアチワ七郎さんご夫妻（海の船旅編p.50）は2005年10月のヨーロッパ大陸横断クルーズ（ゆたか倶楽部・実施、p.18）にも参加し**左の写真**を撮影された。2013年は再度ピースボート第78回（南極観光船ウシュアイア号を特別に使用）に参加の予定。

ウシュアイア号

耐氷船、2,923tons、85×16m、乗客84名
この南極クルーズは満席で実施されました。

© 長野正孝

ヒルポルトシュタイン村が最高点です。

マインードナウ運河の真中の、ニュルンベルクの近くのヒルポルトシュタイン村が、ヨーロッパ大陸東西横断水路の最高点（406m）です。そこの運河沿いの巨大なモニュメントの先端に当たった一つの雨粒の半分はライン川方向に、他の半分はドナウ川方向に、別々の長い旅に出掛けますが、そのお話の続きはまたいずれ…。

ヨーロッパ大陸東西横断の水路詳細地図と高低図

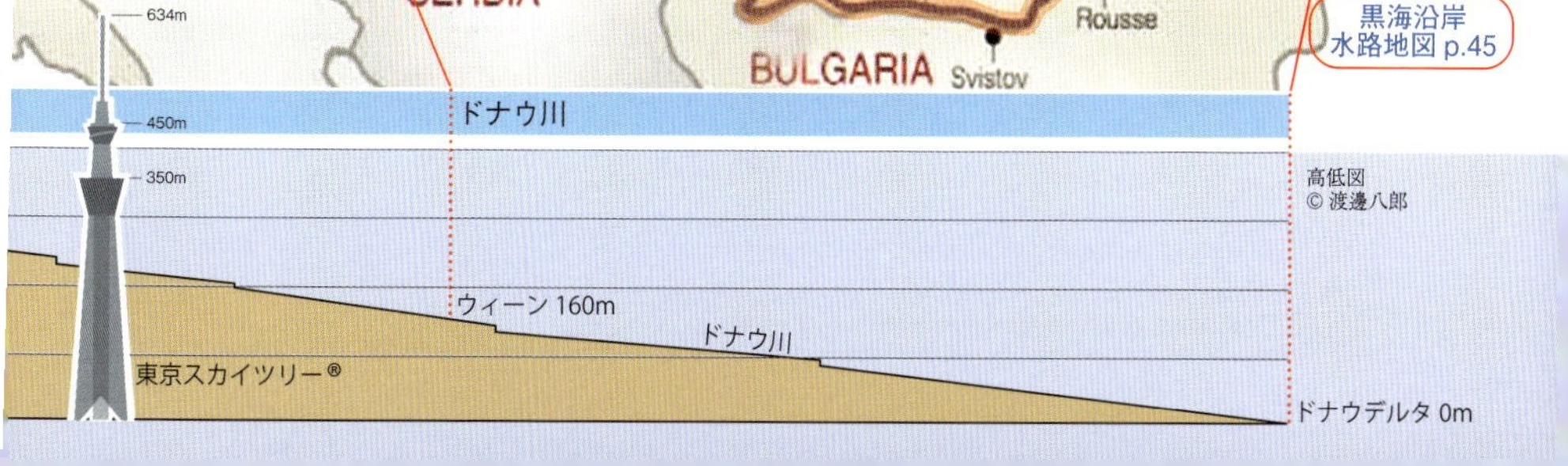

川の流れのように
作詞 秋元 康

知らず知らず歩いてきた
細く長いこの道
振り返れば
遥か遠く故郷が見える
でこぼこ道や曲がりくねった道
地図さえない
それもまた人生
・・・

JASRAC 出 1215729-201

Just like a river flow
Words by Yasushi Akimoto

I've been walking without knowing
this long narrow road
As I turn and look behind
I see my hometown so far in my mind
Rough roads, twisted roads,
without even a map I went
This, also was my life
・・・

(Translated by Naoko Aoyama)
COLUMBIA Songs 許諾

アマデウス・プリンセス号　1,566tons、110×11.4m、138／40 名

屋上　SUN DECK　サンデッキ

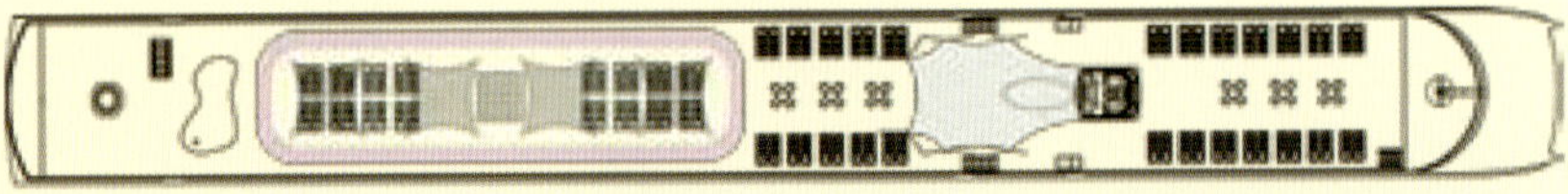

3 階　MOZART-DECK モーツァルト・デッキ

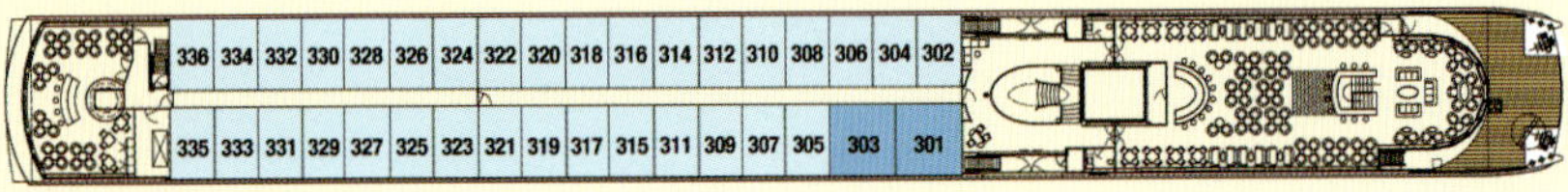

リバークルーズ地方区の雄 ルフトナー・クルーズ（オーストリア）

ルフトナー社は、オーストリアに本社を置き、リバーシップを約10隻（うち1隻は現在建造中）運航する老舗です。ライン－ドナウ川系とフランスの川で気品のあるリバークルーズを提供しています。

私はこの本を執筆するに当たり、最新資料の提供を世界の各クルーズ会社に、直接あるいは日本のクルーズ代理店を通してお願いしました。この本で紹介しているのは、取材を快諾していただいた各社のクルーズです。

中でもルフトナー社からは「日本からの観光客誘致のためにルフトナー社長（法学博士です！）ご夫妻が近々日本に行くので、日本のオーストリア政府観光局でぜひお会いしましょう」との連絡があり、東京でインタビューさせていただきました。

ルフトナー社は、これまでは日本にはあまり知られていない、ドイツ語圏の地元客が中心のリバークルーズ会社でしたが、オーストリア政府ともタイアップして、日本人観光客にこのライン－ドナウ川クルーズをオーストリアの新しい観光資源として真剣に売り込みを計っています。差し当たり日本人添乗員は乗船していませんが、泊単価も手頃ですし、音楽や気品ある旅に関心がある方には最適のクルーズ会社です。

ルフトナー社長ご夫妻

クルーズ No.2

クラシカル・ミュージック クルーズ

パッサウ発着7泊
スタンダード €1,050 ～（泊単価€150 ～）
スイート €2,121 ～（泊単価€303 ～）

日	港（船着場）／予定
1	パッサウ乗船後、歓迎ディナー
2	ブラチスラヴィア 夜クラリス教会でコンサート
3	ブダペスト オペラハウスでオペラ観劇（費用・別途）
5～6	ウィーン リスト/モーツァルト/シュトラウス音楽会
7	ヴァイセンキルヒェン 伝統音楽観賞、船長主催ガラ・ディナーとサヨナラコンサート
8	パッサウ、朝食後下船

実施：ルフトナー・クルーズ
クルーズ代理店：ICM（03-5405-9213）

その他のLüftner Cruisesのクルーズ例（ライン－ドナウ川系のみ記載）

クルーズNo.	コース名	出発地など	泊数	催行頻度	クルーズ価格（泊単価）	船
3	クラシカル・ライン	アムステルダム⇒バーゼル	7泊	年21回	€924 ～（€132 ～）	ダイアモンド号・他
4	ライン/マイン/ドナウ川	アムステルダム⇒ニュルンベルク	8泊	年6回	€1,092 ～（€137 ～）	エレガント号・他
5	ヨーロッパ大陸横断	アムステルダム⇒ブダペスト	14泊	年5回	€2,184 ～（€156 ～）	エレガント号・他
6	ドナウ川ラプソディー	パッサウ⇔ウィーン	7泊	年17回	€ 868 ～（€124 ～）	ロイヤル号・他
7	美しき碧きドナウ	パッサウ⇔ドナウデルタ	14泊	年6回	€3,058 ～（€147 ～）	ロイヤル号・他
8	プラージュとドナウ	プラージュ⇒ブダペスト	7泊	年15回	€1,029 ～（€114 ～）	エレガント号・他
9	ヨーロッパのベスト	ベルリン⇒ブダペスト	H5泊+船7泊	年10回	€2,145 ～（€179 ～）	ダイアモンド号・他
10	クラシック音楽(A)	アムステルダム⇒バーゼル	7泊	年4回	€1,106 ～（€158 ～）	プリンセス号・他
2	クラシック音楽(B)	パッサウ⇔ウィーン	7泊	年2回	€1,050 ～（€150 ～）	ロイヤル号・他
11	冬の短期クルーズ	フランクフルト周遊	3・4・5泊	11回	€348 ～（€116 ～）	プリンセス号・他
12	クリスマス・クルーズ	コロン/パッサウ発着有	各6泊	各1回	€660 ～（€110 ～）	ロイヤル号・他
13	大晦日クルーズ	コロン/パッサウ発着有	各7/6泊	計3回	€882 ～（€147 ～）	ダイアモンド号・他

詳しくはオーストリアン・テースト溢れる英文パンフをどうぞ。800円分の切手（国際郵送料等）を同封してICM社（〒105-0001港区虎ノ門5-3-20　仙石山アネックス204）に申し込んでください。ルフトナー社のクルーズを自社のツアーに組み込んでいる日本の旅行社は、ワールド航空（連絡先などは29頁）、JTBロイヤルロード銀座（83頁）、西鉄旅行、トラベル世界、朝日旅行、PTSなどです。

Ports of Call（港または船着場情報）　ニュルンベルク

ニュルンベルクのリバークルーズの船着場は、市中心部からかなり離れた運河沿いのただの川原（アクセス別掲）。船着場にあるのは写真①の港湾管理局係員詰所の小さなプレハブ小屋一つだけ。普通、ツアー客はホテルからバスで船着場に着きます（写真②）。私のここの定宿は船着場まで歩いてでも行ける写真③の可愛いホテルです。最寄りのバス停には⑥のようなビール会社のポスターが張られていて目印になりました。このバス停から③のようにホテル屋根の看板が見えます。ニュルンベルクの船着場は運河に並行して走るバス停の数で3駅くらいの間にあるので、自分の乗る船がどれか、バス停横の橋の上から船に付いたマークで探します。

マイン-ドナウ運河
船着場へのアクセス

①DBニュルンベルク中央駅の下からメトロでフランケン通り駅（Franken str.）下車（約15分）
②バス67番でLech str.下車（約10分、下のホテルに近い）
③ホテルAm Hafenに着いてホッ！ちなみに私は予約したことない。Single €55／Twin（2人で）€75
④とことこ堤防上バス通りを戻って船着場を確認する

ニュルンベルクには④のようなハーフ・ティンバー造りの建物も多いです。ここの英雄はマイン・ドナウ運河の前身のルードヴィヒ運河を掘ったバイエルン王のルードヴィヒ1世（19頁）。孫のルードヴィヒ2世も眉目秀麗の芸術を愛した有能で美形の君主でしたが、自分にはもうやることがなく、やむなく音楽に凝ったり、豪城（ノイシュヴァンシュタイン城）を建てて美女を集めたり、放蕩の限りを尽くし、あげく宴の夜にシュタルンベルク湖に身を投げた（？）悲劇の王でもあります。彼は豪華なお召し列車を造り、美女を侍らせて、自分の王冠を車両の屋根の上に飾って各地に巡行し、世のひんしゅくを一身に集めました。しかし現在ではロマンチック街道の礎を築いた名君と、観光業者から讃えられています。その王冠を載せたお召し列車は、ニュルンベルク中央駅から歩いてすぐのDB博物館（通称・鉄道博物館、日本語パンフが館内にあり）に発車を待っているかのように完全保存展示されていますから（写真⑤）、ホテルへ行く前にぜひ立ち寄ってください。

ニュルンベルク～古都トリアーの クルーズ

AMAは世界区3社の中では最も新顔のリバークルーズ会社で、現在14隻の綺麗な船を持っています。3社はヨーロッパのリバークルーズの前後にパリやイスタンブール、ニュルンベルクといった、米国人旅行者の人気都市へのツアーを付加しています。左に紹介するAMAのリバークルーズでは、パリのホテルに3泊してからバスでほど近いモーゼル川沿いの古都トリアーに移動して、そこで乗船します。

このようなクルーズでの現地合流は?

日本から個人の手配旅行でこのようなクルーズに参加するときは、各自でトリアーかニュルンベルクまで行って、米国からの旅行者グループと現地合流します。現地合流には、米国人と同じホテルに前泊する方法と、当日自分で船着場に行ってそこで合流する方法の2つあります。日本のクルーズ代理店が現地合流の相談に乗ってくれます。船着場へのアクセスは「地球の歩き方」にも書いてありません。

クルーズ No.14

ニュルンベルクから
古都トリアーへの船旅
マイン-ドナウ運河～マイン川～
ライン川～モーゼル川

船内7泊+4ホテル泊、$2,099 ～（泊単価$300 ～）

日	港（船着場）	予定
（参考までに米国からの日程を記す）		
1	米国からフランスへ	
2	パリ到着	ホテルにチェックイン
3	パリ	市内観光
4	パリ	オプショナルツアー
5	トリアー	乗船、歓迎カクテル＆ディナー
6	トリアー	市内ツアー
7	コッヘム	観光
8	マインツ	観光
9	ミルテンベルク	徒歩観光
10	ヴァルツベルク	市内観光
11	バンベルク	徒歩ツアー
12	ニュルンベルク	下船後、市内観光
13	プラハ	市内観光など
14	プラハ	空港へ、帰国の途に
（この逆コースもあります）		

催行頻度：年に16回程度実施
世界区各社が類似クルーズを実施

実施：AMAウォーターウェイズ
クルーズ代理店：オーシャンドリーム
（042-773-4037）

アマリラ号・アマドルス号・アマダンテ号は姉妹船。
長さ109m×幅11.5m、乗客148名／乗組員41名

日本人専用セレナーデⅡ号で行く美しく碧きドナウ川の船旅（船中9泊）

ニッコウトラベルの自社船セレナーデⅡ号で行くドナウ川・バッハウ渓谷を満喫するリバークルーズです。

◆ツアー中すべて日本語だけで過ごせる
◆定員136名は日本人のみ、全室浴槽付
◆同社企画担当が添乗員として同行
◆ゆったり観光・しっかり観光が選べる

ニッコウトラベルは、全キャビンに浴槽付というセレナーデⅡ号をユーロシッピング・カンパニー（本社オランダ）とシーズン中、半々にシェアして自社のツアーで使います。それがいいかどうかの議論は別にして、平均的日本人は、風呂に浸かりながら日本食を食べ、ときにはその土地の料理にも箸を延ばしつつ、世界遺産を一つでも多く見て回るのが好き、と言われています。ニッコウトラベルでは年配の旅行者に配慮して、ここから「一つでも多く」を外して、その代わりにゆったり度を加味したツアーを実施しているようです。

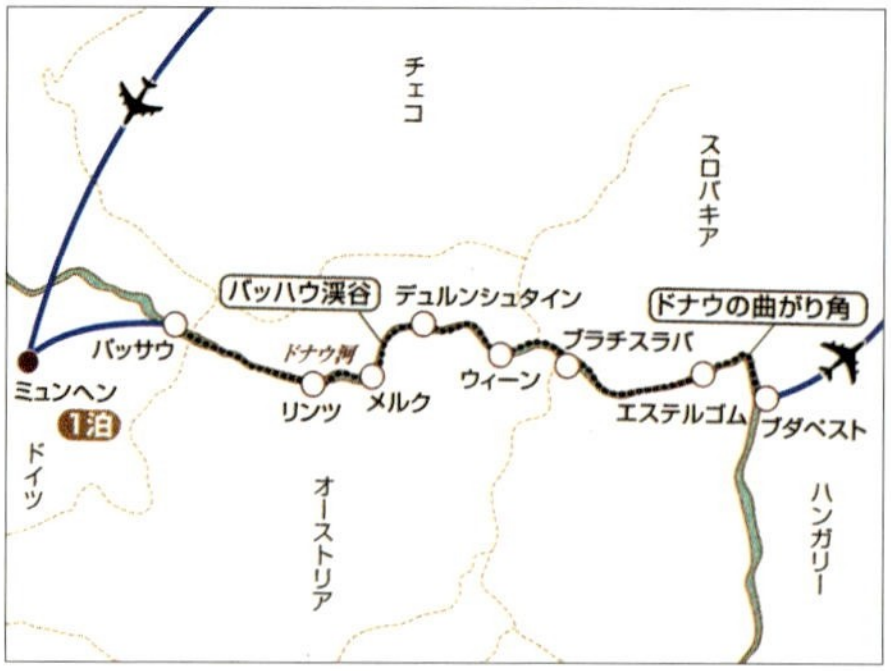

クルーズ No.15

ドナウ川のパッサウ⇒ブダペスト

全11日間　ホテル（ミュンヘン）1泊／船内9泊
（燃油サーチャージ約5万円・別）
1階客室　498,000円、2階客室　548,000円
3階客室　568,000円

日	港（船着場）／予定
（前日）	成田または関空ホテルに宿泊
1	空路ミュンヘンへ（乗継あり）
2	ミュンヘン観光後パッサウで乗船
3	リンツ、2班別に観光、午後航行
4	メルク、ゆったり・しっかり班別観光
5	デュルンシュタイン、散策観光
6	ウィーン、2班別に観光
7	ブラチスラバ、2班別に観光
8	エステルゴム、2班別に観光
	ヴィシェグラード、2班別に観光
9	ブダペスト、2班別に観光
10	朝、ブダペストで下船、日本へ
11	午前・成田または関空に帰着

実施：ニッコウトラベル（03-3276-0111）
お申込みは直接同社か同社の代理店へ

セレナーデⅡ　1,700tons、110×11.4m、乗客定員136名　全キャビン浴槽付

パリとライン川の古城（砦）観賞

パリは多くのアメリカ人にとって憧れの都市です。それは日本人にとっても同じことですが、日本の場合はすでに飛行機を使っての欧州旅行でパリに行ったことがある人が多いので、この際パリ観光とライン川クルーズをセットにして旅行したいという希望は、米国の場合ほど強くはないようです。世界区のクルーズ会社は

◆パリに数泊してパリ観光をする

◆そしてライン川の古城（砦）を船上から眺める（コブレンツ～マインツ間）

（注、この逆コースもあり）

といったクルーズをたくさん実施します。その例を紹介しましょう。世界区の3社ともこのコースを実施していますが、パリとヨーロッパのリバークルーズとの接続港としてパリからバスで近いトリアーかコンツが選ばれただけで、トリアーを観光したいから、との発想ではないようです。

クルーズ No.16

パリ3泊してトリアー～ニュルンベルク

全11日、クルーズ8泊＄2,699～
（日本からの参加はホテル集合）

日	港（船着場）／予定
1	パリのホテル着、ホテル宿泊
2～3	パリのホテル宿泊
4	バスでトリアー（または上流のコンツ）
5	モーゼル下流のベルンカステルへ
6	コブレンツ
7	オッフェンバッハ（ライン川）
8	ミルテンベルク
9	ヴァルツベルク
10	バンベルク
11	ニュルンベルク、下船・空港へ

（この逆コースもあり）

催行頻度（3月～9月）　11回

実施：ユニワールド
クルーズ代理店：オーシャンドリーム
（042-773-4037）

Ports of Call　　Trier（トリアー）

モーゼル川はフランスから流れて来る長い川ですが、ライン川からロングシップが遡れるのはトリアーまでです。トリアーはローマ時代の城壁が壊れかかったまま街中に取り残されている、可愛い小さな、ぜひ行ってみたい街です。パリからトリアーまではバスで3時間程なので、世界区のクルーズ会社のツアーはよくトリアーを使います。DB（ドイツ鉄道）トリアー駅を出て、駅を背に真っ直ぐ通りを30分ほど歩くとモーゼル川に突き当たり、橋の下が写真のような船着場になっています。

トリアーの船着場

岸からの木製桟橋は2、3本しかないので、停泊する船が多いときは写真のように他社船の横に並列駐車して、乗客は間の船の甲板を通って乗下船します。

第三の男　独名：Wein／英名：Vienna

クルーズでウィーンに行くのなら、『第三の男』（ＤＶＤ、７泊８日で百円）を観ておくことをお勧めします。クルーズ船は、あの大観覧車のあるプラーター公園（遊園地）地域の一角に、だいたい２日停泊して、その間は水上ホテルになるので、乗客はたっぷり観劇や観光ができます。ウィーンには大小３本の川があります。『第三の男』の冒頭に三文作家のハリー・ライムが列車から降りてくるウィーン西駅の方から説明すると

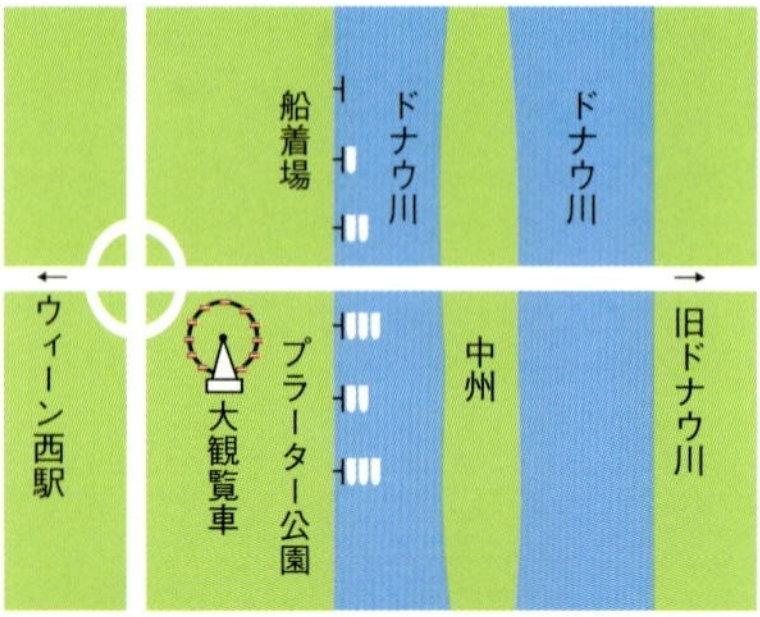

◇ウィーン西駅
◇ドナウ運河（小船の遊覧船運航）
◇プラーター公園のあの大観覧車
◇ドナウ川（現在の本流で、クルーズ船はここを通過・停泊する。川の中に大きい島のような中州の市街があるので、川が２本あると間違う人も多い）
◇旧ドナウ川（いまは川の機能なし）

の順になりますが、日本からの観光客の中にはドナウ運河をドナウ川本流と間違って、「ドナウ川、見てきた見てきた」と満足して帰る人もいます。

海外旅行での人工透析

わずかですが、海の上で人工透析の治療が受けられるクルーズを米国のＤＡＳという旅行社が実施していますが、川の船上の人工透析は未だありません。

◆ＤＡＳ社の船内人工透析

ロイヤル・カリビアン社、セレブリティー社、ホーランド・アメリカ社の一部のクルーズで、治療器具を携帯した外国人医師が乗船し、1クルーズで最大8名が船内の治療室で透析できます。1週間クルーズの場合で洋上透析3回の費用＄1700＋手配手数料としてネバーランド社（03-3265-2488）に約3万円が必要です。

◆海外旅行で、陸上での人工透析

ＪＴＢ法人営業品川支店（03-5796-6096）と近畿日本ツーリスト（knt）京都支店（075-221-7401）が、海外の陸上医療施設での人工透析を紹介したり、人工透析患者対象の海外ツアーを実施しています。

〔kntの例〕Ⓐ花の国オランダとパリ8日間、Ⓑサンクトペテルブルクと北欧バルト海クルーズ8日間、共に49万8000円（患者本人価格、付き添いは1万円安）

ウィーン停泊3泊（実質丸2日）ドナウ川・ヴァッハウ渓谷10日

音楽がらみのツアーの企画で定評のあるグローバル・ユース・ビューローは、次のようなクルーズツアーを好評裏に実施しました。

◇ウィーンをタップリ観光できる

◇風光明媚で有名なヴァッハウ渓谷やドナウ、イン、イルッツ3川に囲まれたメルクやパッサウを観光

がこのツアーの目玉です。シークラウド・クルーズ社のリバークラウドⅡの定期クルーズ（定員88名）の中で17名をグローバル社で確保して、この地方のことを熟知した同社員のツアーコンダクターが日本から同行・案内します。このような外国船クルーズの部分貸し切りタイプのツアーでは、終始コンダクターの後ろにくっついて**日本語だけで過ごせる**ツアーも楽しめますし、お好みなら、船内や寄港地ツアーでは日本からの同行者の群れから離れて、外国人旅行者の中に紛れ込んで、つかの間、**外国人社会の中でクルーズを楽しむこと**もできます。

クルーズ No.17

ハンガリーからオーストリア、ドイツへのドナウ川をリバークラウドⅡ号で往く

船内7泊、ブダペスト・ホテル1泊
728,000円～（1人参加164,000円＋）

日	港（船着場）／予定
1	成田発、途中乗り替えブダペストへ
2	ブダペスト観光後、夕刻・乗船
3	ブダペスト観光（続き）、14:00発
4	ブラチスラヴィア散策後ウィーンへ
5	ウィーン、前日20:00入港、観光
6	ウィーン滞在
7	5:00ウィーン発、8:00トウルン着
8	11:00パッサウ入港、散策
9	9:00下船、ミュンヘン空港へ
10	成田着

実施：グローバル・ユース・ビューロー
（03-3505-0055）

リバークラウドⅡ 1,300tons、103×9.8m、88／35名

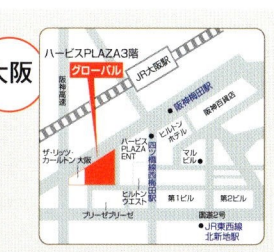

ドイツ北部の川と運河のクルーズ

ドイツを流れるライン川の北部には下の河川地図のように英国やフランスに匹敵する川と運河のネットワークが発達しています。エルベ川は、チェコを発しポーランド・オーストリアから北向きに流れ、ドイツのハンブルクで北海に注ぎます。ここでは凍結期を除き**ドイツ地方区のクルーズ会社によるドイツ語圏の観光客相手のリバークルーズ**が盛んに催行されていますが、最近、英語圏の観光客を目当てにした2つのクルーズが日本で発売され、注目されています。

◆船内英語　バイキング社（11泊）

◆船内日本語　ワールド航空社（13泊）

クルーズネットワークは自社企画のクルーズではありませんが、バイキング社のエルベ川（ベルリン〜チェコ）クルーズの日本語e-パンフを作成して、日本から現地へのアクセスやホテルの手配も引き受けています（クルーズNo.18）。

もう一つは、ワールド航空サービスがクロイシヨーロッパ社〔注〕からチャーター

クルーズ No.18

11泊（船7泊）$2,406〜 ベルリン/プラハ各2泊のホテル代、観光代含む
日　港（船着場）／内容 1　ホテルに集合・宿泊 2〜3　ベルリン/ポツダム観光 マグデブルクで乗船 4〜9　エルベ川周遊 10　メルニク（チェコ）下船 11　プラハ観光、ホテル泊 12　朝食後、チェックアウト （この逆コースもあり）
催行：3〜10月毎週（26回）
クルーズ実施：バイキング社 募集：クルーズネットワーク （まんぼうクラブ） （03-5623-0780）

ドイツ中・北部の川と運河

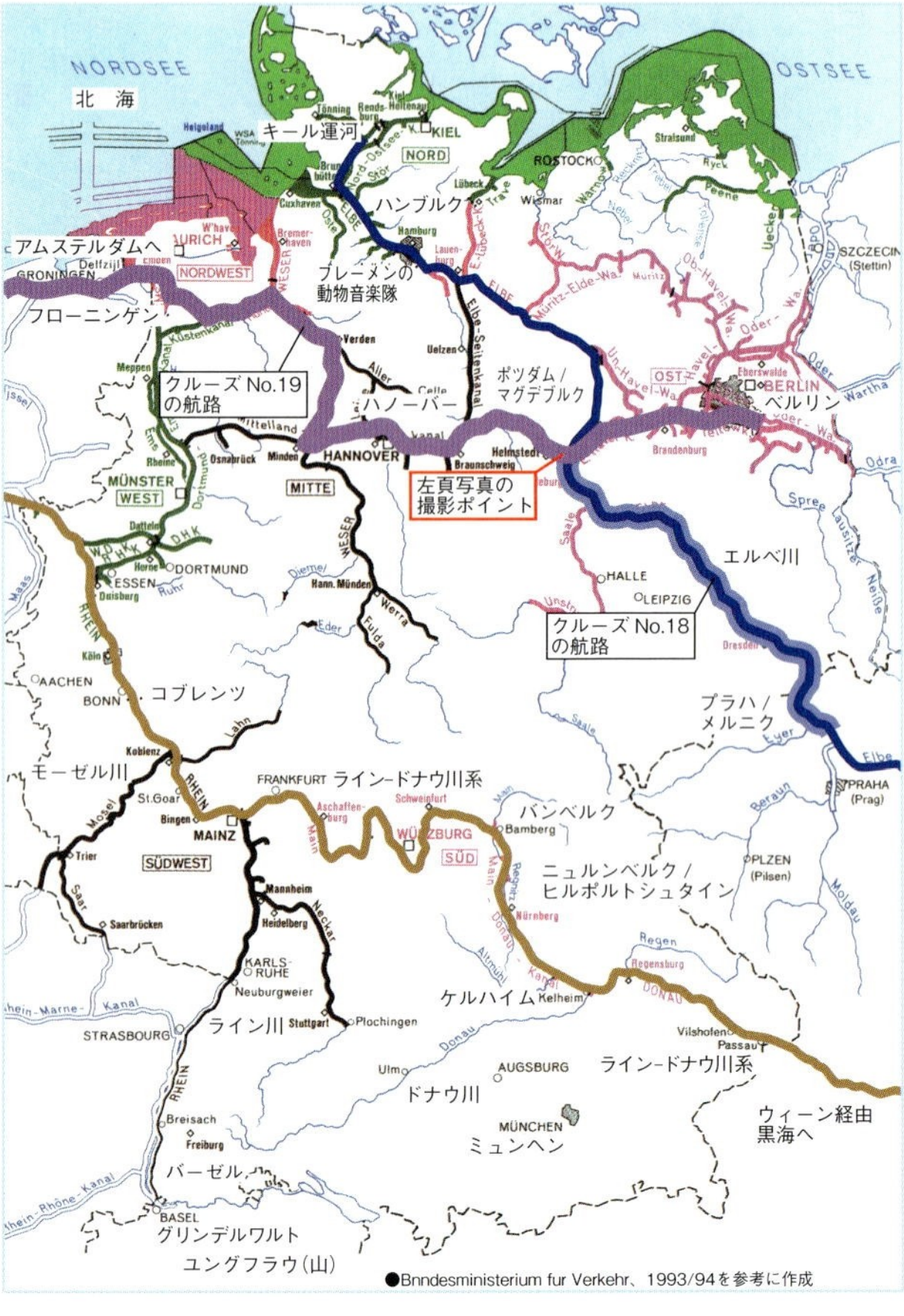

●Bnndesministerium fur Verkehr、1993/94を参考に作成

エルベ川の上を通過するエルベ-ハーフェル運河
（マグデブルク付近）

MSビクトル・ユーゴ号（客室49室）
（MS：モーターシップの略）

月刊・ワールド
（同社の旅行情報誌、無料）

したビクトル・ユーゴ号で催行しました。フランスのエスプリとドイツの質実剛健さがうまくコラボレートされた船旅と好評で、２０１２年も実施してこれまた早々と完売。早くも同社の定番クルーズ化している感があります。

〔注〕CroisiEurope：本社フランスの会社です。

クルーズ No.19　完売御礼

ベルリンからオランダへの船旅・船10泊／全13泊

¥498,000円（シングルサプリメント＋16万円）
往復飛行機代、寄港地ツアー代、アムステルダム・ホテル1泊を含む。別途、燃油サーチャージ必要。船内チップは不明。

〔旅程〕（第1日）朝、関空/名古屋/成田空港より別々に出発。夕方ベルリン着、乗船。船内泊／（第2日）ベルリン市内観光や自由行動／（第3日）ベルリン発ポツダムへ、後ハーフェル川クルーズ／（第4日）マグデブルク（上の写真）／（第5～9日）ブレーメン等を経由して／（第10日）夜アムステルダム着／（第11日）朝食後下船、アムステルダム市内観光後ホテル入り／（第12日）昼頃、空港より日本へ

「ワールドさん、他のコースのツアーも企画してください。」旅行者の書き込み

実施：ワールド航空サービス（電話：下記参照）

② オランダ～ベルギー

オランダ運河を貸し切り帆船で一週間の船旅

1600年頃、エンクヘイゼンから出港したオランダの帆船が長崎まで航行しました。当時を彷彿とさせるクラシックな帆船サクセス号でオランダ北部の島々を巡るのがこのコースです。乗客16名までの、毎・日曜発着の貸し切り運航です。卒業旅行に利用しようと、内輪で洋上結婚式を挙げようと、演出はあなたの自由です。このクルーズでは、風次第で帆を張って帆走します。乗客全員が手伝って帆を張ったり、たたんだり。そのため「もし手が足りないときは帆走せずにエンジンで走行します」と断っています。このコースに限らずオランダの運河を巡る普通のクルーズには、ヨーロッパで運航するほとんどの船会社が参入しています。

世界区御三家のオランダ・クルーズ

チューリップの咲く季節限定ですが

AMA社　船7泊　2199ドル～
（3・4月、14便運航）

ユニワールド社　船7泊　2599ドル～
（3・4月、3便運航）
船9泊　2649ドル～
（3・4月、11便運航）

バイキング社　船9泊　1972ドル～
（3・4月、22便運航）
（代理店はオーシャンドリーム）

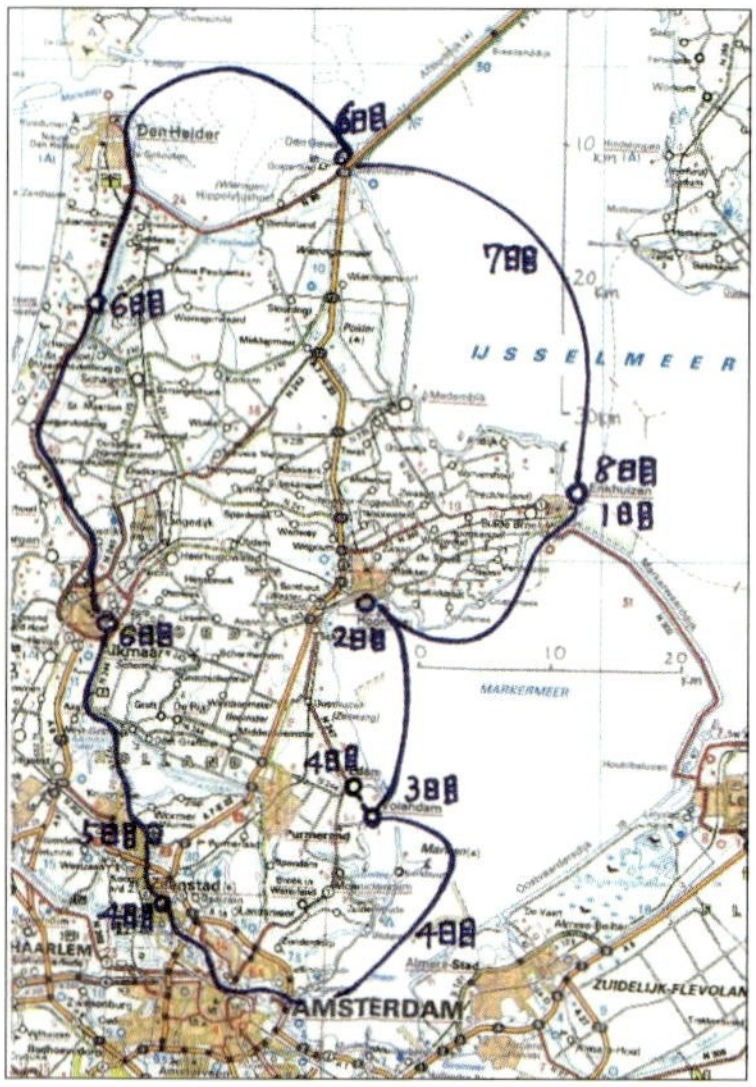

クルーズ No.20

貸し切り帆船でオランダの水路を往く

7泊　貸し切り料金 €20,800 ～　乗客16名のときの泊単価 €186 ～

日	予定
1	日曜にエンクハイゼンで乗船 ウエルカム・ディナー
2～7	ホルーン～マンケル湖～フォレンダム～アムステルダム→ ザーンダム～アルクマーク～テクセル島
8	エンクハイゼンで朝食後、下船

クルーズ代理店：オーシャンドリーム（042-773-4037）

サクセス号：全12キャビン、6㎡、40×6.8m、ベッド上下2段あり、シャワー・トイレ付。スーツケース類はキャビン外か空室に置く

クルーズ No.21

自社船セレナーデⅡで行く ニッコウトラベルの オランダ運河巡り

オランダ・ベルギーの運河を巡る 美術館貸し切りでフェルメール観賞

11泊・内船内9泊　¥458,000〜
日本空港ホテル泊を含む、燃油サーチャージ別途必要

日	船着場（港）／予定
1	夜・日本空港ホテル集合
2	日本出発・オランダへ
3	アムステルダムでセレナーデⅡ号乗船
4〜11	アムステルダム観光（SL列車で国立博物館へ）〜キンデルダイクの風車群〜マウリッツハイス美術館を貸し切りで作品観賞〜アントワープ〜ブリュッセル〜水の都ブルージュ〜ゴッホの森／クレラー・ミュラー美術館〜キューケンホフ公園
11	下船、帰国の途に
12	午前中に日本着、解散

実施：ニッコウトラベル（電話は下記参照）

ニッコウトラベルは無料の月刊情報誌を発行
本社と各営業所で説明会を随時開催

ニッコウトラベルの船旅のこだわりは
◇全室・浴槽付きのセレナーデⅡで
◆旅の企画責任者が添乗し、案内する
◇ゆとり度充分の寄港地ツアーも用意
の3つです。

ニッコウトラベルは、ユーロ・シッピング・ボエジ社（本社オランダ）と、春・秋のシーズンを半分に分けて2社で運用するという形で、自社の好みに仕立てた肩の凝らないリバークルーズ船をヨーロッパ水域で運航しています。2012年は、特別なフロリアードというフェスティバルがオランダで10月始めまで開催された関係で、例年とはやや異なる変則スケジュールで多くの旅行が実施されましたが、ここでは例年実施されていたセレナーデⅡ号による運河クルーズをご紹介します。

セレナーデⅡ号　1,700tons、110×11.4m、乗客定員130名

無料月刊誌
スカイニュース

ニッコウトラベル

東京本社
TEL 03 (3276) 0111

大阪支店
TEL 06 (6344) 1111

名古屋支店

③ ナイル川

エジプトの遺跡をアガサ・クリスティー時代の船で巡る

ダグラス・ワードさんは、5年ほど前の自著の中で「エジプト観光は、ア・カプル・オブ・デイズのカイロ付近の観光をして、後はルクソールからアスワンまでの遺跡探訪をするのがいい」と述べています〔注〕。

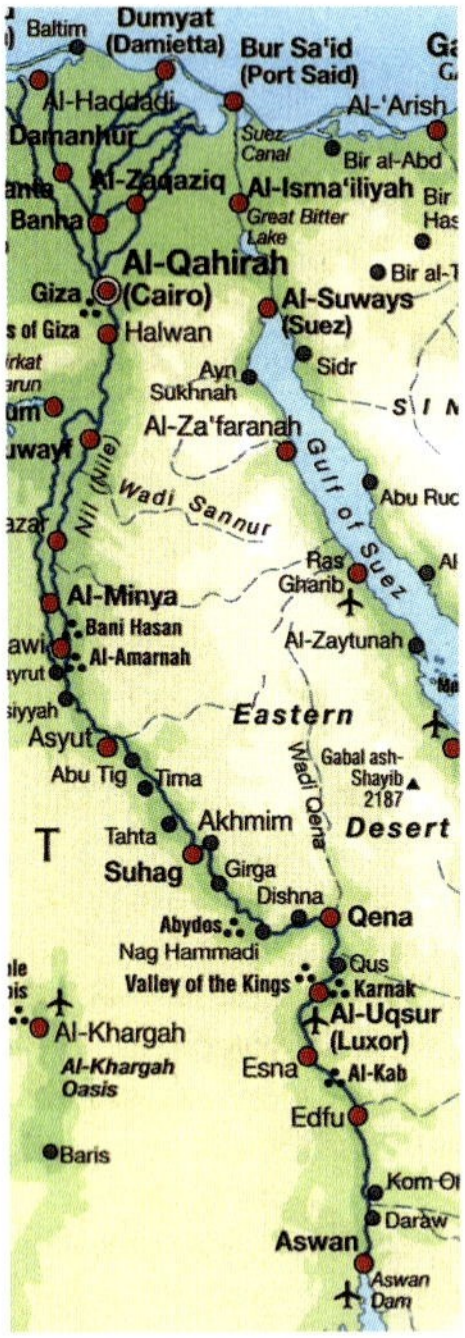

全長6,650㎞のナイル川の下流、わずか400㎞をリバークルーズします。

〔注〕『グレート・リバークルーズ（ヨーロッパとザ・ナイル）』インサイト・ガイド社刊、2007年

そのツアー日程やコースはどこの会社のもワンパターンですが、パリに本社のあるボヤジュール・ドゥ・モンド社は、ナイル川を1885年建造の歴史的蒸気船スーダン号に乗って、当時の衣装をまとった乗組員の接待を受けて巡る船旅はいかがですか、と提案してきました。

スーダン号

クルーズ No.22

トーマス・クックがエジプト国王に献上した歴史的蒸気機関外輪船「スーダン号」で巡るナイル観光

3泊（下り）／4泊（上り）
メイン客室$658～／$805～（泊単価 $219～／$201～）
アッパー $758～／$955～、スイート$1,033～／$1,305～

（下り3泊4日の日程）

日	港（船着場）／予定
1	アスワン⇒コム・オンボ⇒エドフ
2	エドフ⇒エスナ⇒ルクソール
3	エスナ水門⇒ルクソール
4	ルクソールで、昼頃解散

実施：ボヤジュール・ドゥ・モンド社
クルーズ代理店：オーシャンドリーム　(042-773-4037)

世界三大ダム

	アスワン（ハイ）ダム	三峡ダム	黒部ダム
場所	ナイル川（エジプト）	長江（中国）	黒部川（富山県）
着工/竣工年	1960/1970	1993/2009	1956/1963
堤高さ	111m	185m	186m
発電量	2,100MW	22,500MW	335MW
船でのダム通過	船を乗り換える	船のエレベータと5段ロックがある	×

バイキング社の米国人向き近代的な洗練されたロングシップで

米国人の中には、船や建物の風格というものを評価しない人がかなりいます。それでバイキング社は、空調がよく効いた、見たところが綺麗で、どこもピカピカの、米国人旅行客に好まれるリバークルーズ船を2隻、ここナイル川水域に投入して、米国からのツアー客を誘っています。そのクルーズの例を左下にお見せします。ただ、このクルーズで現在もカイロ市内観光をしているかどうかは、代理店によく確認してください。

スーダン号のようなエジプトの遺跡さながらの船でクルーズするか、空調の良く効いた近代的なロングシップを選ぶか、前か後のホテル泊りの観光を選ぶか。ナイル川クルーズの選択はその辺りにあります。

スーダン号のクラシックな船室

クルーズ No.23

ルクソールからアブ・シンベルまで カイロ・ホテル(3泊)／ルクソール・ホテル(1泊)付

11泊$3,598～（泊単価$327～）

日	港（船着場）／予定
1	カイロ空港集合、ホテルへ
2～3	カイロ観光
4	空路ルクソールへ、ホテル泊
5	ルクソールで乗船
6	ナイル川観光航海
7	エドフ⇒コム・オムボ
8	アスワン
9	ワジ・エル・セボワ
10	船を乗り換えナセル湖クルーズ
11	アブ・シンベル下船、空路カイロへ
12	朝、ホテルから空港へ

クルーズ代理店：オーシャンドリーム（042-773-4037）

MSエスプラネード号（定員150名、ナイル川）
MSオマール・エル・カヤム号（定員160名、ナセル湖）

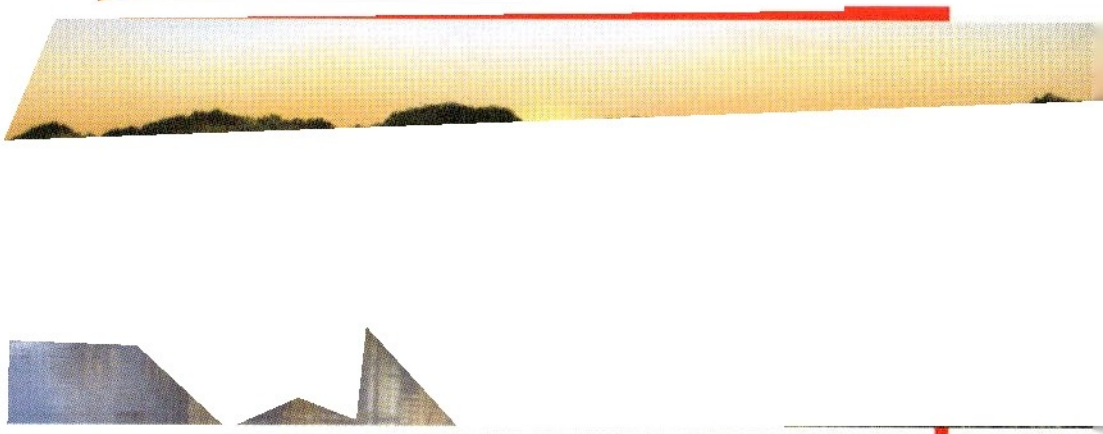

ザンベジ・クイーン号　45.5×7.8m、28／22名（キャビン14室）、共有スペースにはエアコンあり

動物天国でのリバークルーズ

AMA社はアフリカ大陸のチョベ国立公園を流れるチョベ川でのリバークルーズを含むアフリカへのツアーを3コース始めました。

ZA：全12泊（船4泊）$ 8,995～　通年17便
ZB：全13泊（船4泊）$11,995～　通年17便
ZC：全16泊（船4泊）$11,495～　通年17便
以上3コース共、指定ホテル集合（前泊）

実施：AMAウォーターウェイズ
クルーズ代理店：オーシャンドリーム(042-773-4037)

※チョベ川クルーズは別の本で詳述予定

④ ロシアとウクライナ

ロシアの神秘に迫る、魅力のクルーズ

ロシアにはいくつもの長い川がありま す。その南向きに流れる川沿いには名所旧跡も多く、冬期の凍結時を除いてリバークルーズが盛んです。

◇ロシア人向けのクルーズから選ぶ方法

ユーラスツアーズ（旧・日ソツーリストビューロー）の坂田社長によると、ソ連時代に党は規格船を多数建造して、勤労者幹部にインセンティブとしてリバークルーズを提供したので、その当時の約60隻ものクルーズ船で、いまも多くのロシアや周辺国の人々がクルーズを楽しむ風潮があります。しかし、すべてロシア語で、ロシアのクルーズの常識で催行されますから、石川先生のようによほどロシア旅行に慣れた方以外は、あまりお勧めできません。先年沈没したのはこの種のクルーズ船です。

◇世界区各社提供の中から選ぶ方法

ロシア人がクルーズする水域の中から外国人向きのコースを選んでいます。これは日本のクルーズ代理店で簡単に手配でき、内容も価格も無難です。

◇オーソドックス社のクルーズから選ぶ方法

このロシアの旅行社兼クルーズ会社が、わずかだけ西側の常識に叶うクルーズを提供しています。ユーラスツアーズなどを通じてチケットを購入し、利用してください。

童顔の石川先生

石川顕法さんは1979年のモスクワやレニングラード〔注〕訪問以来もう40回以上も勤務する高校の休みを利用してロシアを訪れて写真を撮り続けておられます。私はお願いして先生の写真を**ロシア点描**としてこの本に掲載させていただきました。右の写真は20回目くらいの訪問のときにウラジオストク駅で撮られたもの。「大シベリア鉄道がここで（9千キロ余の旅を）終わる」と書かれたこのキロポストは今は他の標識に建て替わっているそうです。

〔注〕1991年に住民投票の結果サンクトペテルブルクと変わりました。

地理・ロシアの川

ロシアでクルーズできる川は、左頁の地図のように3本だけです。これは簡単ですから、川の名前を呟いて、しっかり覚えてください。3本とも水力発電のために途中がダム湖で堰き止められていますが、そこはロックで通過します。ロシアの花形クルーズはボルガ川ですが、ボルガ川は元々はモスクワにつながっておらず、また、注ぐのは水位マイナス25mのカスピ海です。ご存知でしたか。それにしても、カスピ海って誰が塩分を混ぜているのでしょうか。

ロシア/ウクライナ（南向き）三大川

ボルガ川　3,690km
＜ヴァルダイ丘陵(標高345m)～アストラカン＞

ドニエプル川　2,280km
＜モーフ沼(220m)～ヘルソン＞

ドン川　1,980km
＜トゥーラ(170m)～ロストフ・ナ・ドヌ＞

ロシアとウクライナのクルーズできる三大川

ロシアの運河の建設

①首都モスクワとボルガ川とを結ぶ、コンクリートの高い絶壁が両側に続く運河です。

②ボルガ川とドン川を結ぶ運河ですが、これでモスクワから黒海へ船で抜けられるようになりました。

この他にも、オレンジ色で描いた短い川や途中の湖で3つの大川は結ばれていて、それを通って次にご紹介するようないろんなリバークルーズ〔注〕が催行されています。

ロシアやウクライナのリバークルーズを取り仕切っているのはオーソドックス社です。同社のクルーズは一部をこの本で紹介していますが、催行日や価格は海外には公表されていないので、詳細はユーラスツアーズにお問い合わせください。

〔注〕普通ここのクルーズでは、ヘルソンから黒海に出て、ヤルタ～オデッサまで、川の延長のように航海します。数年前は、さらにドナウデルタまで航行していました。

クルーズ12泊 モスクワ～キジー島～サンクトペテルブルク

左の航程表はＡＭＡ社のロシアのグランドクルーズの例です。この逆のサンクトペテルブルク発のリバークルーズに、モスクワから先、ボルガ川伝いにカスピ海あるいは黒海までクルーズをはしごしたら、おそらく30日くらいの船旅になり、これこそロシアのグランドクルーズだと思うのですが、モスクワから先、南に向かう外国人向きのクルーズは現在、催行されていません。オーソドックス社のロシア人を想定したものは運航されているかもしれませんから、それでよければユーラスツアーズ（電話37頁）に問い合わせてください。

クルーズ No.24

ロシアのグランドクルーズ モスクワ～キジー島～サンクトペテルブルクの船旅

船内11泊、価格などは下記

日	港（船着場）／予定
1	米国からロシアへ
2	AMAカタリナ号に乗船、歓迎ディナー
3	赤の広場、市内観光
4	モスクワ散策
5	ウグリチ
6	ヤロスラブリ
7	ゴリツィ
8	キジー島
9	スビルストロイ
10	サンクトペテルブルク
11	同、市内観光
12	同、市内観光
13	朝食後、下船、帰国の途に

実施：AMAウォーターウェイズ
クルーズ代理店：オーシャンドリーム（042-773-4037）
（注：この逆のコースもあります）

AMA カタリナ号

リバークルーズ世界区御三家のロシア・グランドクルーズ

（　）内は泊単価

ユニワールド	リヴァー・ビクトリア号	（129×17m、定員206名、5階）	12泊 $3,899～($325～)	年12回催行
バイキング	バイキング・ヘルジ号	（128×16m、定員204名、5階）	12泊 $4,096～($341～)	年52回催行
AMA	AMAカタリナ号	（132×16m、定員212名、5階）	12泊 $3,499～($292～)	年14回催行

ロシアの音楽がらみ
リバークルーズ
合唱交流の船旅11日間

音楽の国ロシアで、サンクトペテルブルク発キジー島観光後、モスクワへのグランドクルーズ中にヤロスラブリの教会とモスクワの2か所で合唱交流会を開こうという意欲的な企画を、ユーラスツアーズが2011年から開いています。ステージに上がる参加者にはあらかじめ楽譜が渡されて、本並美徳氏の指導で事前の洋上レッスンも行われる予定と聞いています。ステージに上がったことがなくても、かつて合唱の経験が少しでもある方なら、いい機会ですから、参加されてはいかがでしょうか。またとない、いい想い出になると思います。なお、ヤロスラブリはモスクワの「黄金の環」といわれる街のひとつで、他にもいろんな教会があります。

クルーズ No.25

夢のボルガクルーズ・合唱交流の旅

11日間（内船内9泊）338,000円～

日	港（船着場）／予定
1	成田発乗り継ぎ、サンクトペテルブルクで乗船
2	サンクトペテルブルク停泊 同市観光
3	同市散策、夕刻ラドガ湖へ
4	マンドロギ、キジー島へ航行
5	キジー島、木造教会訪問など
6	ゴリツィ、聖キリル修道院訪問
7	ヤロスラブリ、教会で合唱交流〔注〕
8	ウグリチ、徒歩で観光
9	モスクワ着、合唱交流会へ
10	モスクワ観光、昼食後空港へ
11	日本に帰国、解散

〔注〕ステージに上がる方には、随時洋上レッスンが行われる予定。

企画・実施：ユーラスツアーズ（03-5562-3381）

使用予定のクルーズ船
コンスタンチン・コロトコフ号

ロシア点描：
巡洋艦オーロラ
十月革命の火蓋を切って落としたことで知られ、いまも記念艦としてネヴァ河畔に繋留されている。日本海海戦にも参加した。
（写真と文：石川）

ソ連が輝いていた日

　にわかには信じがたいことでしょうが、ソ連は一時期、世界の良識の牽引車でした。いま、それらの偉人ゆかりの場所を尋ねて旅をする人が後を絶ちません。そこでオーソドックス社では**チャイコフスキーの音楽クルーズ**を催行することがあります。ついでに**キャビアのクルーズ**も左頁に。
ロシア旅行社（03-3238-9101）は、Ⓐ**トルストイの旅**（船旅はなし）、Ⓑ**チェーホフの旅**（黒海を船で遊覧）、共に各7日間のツアーで5〜10月・毎日出発、27万1千円。添乗員なしですが、現地では車や通訳、学芸員も手配されているので内容は充実。この旅行社は、Ⓒ**船でバイカル湖を遊覧する**5日のツアー（31万3千円）も催行。なおバイカル湖（真水）もカスピ海（塩分は瀬戸内海の3分の1）も、遊覧船や沿岸フェリー（当日切符購入）がシーズン中運航しているだけで、クルーズ船は運航していません。

小説家
◇トルストイ（戦争と平和・他）
◇チェーホフ（桜の園・他）
◇ドストエフスキー（罪と罰・他）
作曲家
◇チャイコフスキー
◇ラフマニノフ
◇ストラヴィンスキー
◇プロコフィエフ
◇ショスタコーヴィチ
◇リムスキー＝コルサコフ
演奏家
◇ギレリス（ピアノ）
◇ハンドシキン（バイオリン）
　他フルート、ビオラ部門など無数
パフォーマンス
◇ボリショイ・バレエ
◇ボリショイ・サーカス
◇ククラチョフ劇場
経済・思想
◇マルクス（資本論）
科学・技術
◇メンデレーエフ（化学・周期律表）
◇ティモシェンコ（微分方程式数値解法）
※赤色で示したのは、この本で触れる人物

ロシア点描：
メンデレーエフの周期律表
ペテルブルク、「テフノロギーチェスキー・インスティトゥート」駅近くの彼ゆかりの建物の壁面に描かれている。傍には彼の銅像もある。（写真と文：石川）

クルーズ No.27

ロシア貴族の気分でキャビア三昧の船旅

10泊（泊単価　約€120～）

日	港（船着場）／予定
1	モスクワからロストフ・ナ・ドヌへ、乗船
2	ロストフ、夜、船長歓迎夕食
3	クルーズを楽しみながら、船内で休息 紅茶とブリヌイ、キャビアの夕べ
4～5	ボルゴグラード チョウザメスープのディナー ウオツカ利き酒大会 ブラック・キャビアの説明と試食後、 講演やネプチューン・ショウ観賞
6	アストラハン 魚市場見学、 夜ビールとザリガニの船上パーティー
7	ニコルスコヤと緑の中での休息 チョウザメゼリーのアボガド添えを食べながらクラシック観賞
8	ボルゴグラード 子豚の昼食、紳士のディナー
9	クルーズ、ロシア風のお茶の接待
10	スタロチェルカスカヤ コサック首長プラトフの屋敷訪問後、 船長主催のお別れ晩餐会
11	ロストフ・ナ・ドヌ、下船、モスクワへ

企画・実施：オーソドックス社
相談・お問い合わせ：ユーラスツアーズ（右参照）

ロシア点描：
チャイコフスキーの墓
ロシアを代表する作曲家で日本にも多数のファンがいる楽聖の墓は、アレクサンドル・ネフスキー修道院チフヴィン墓地にある。
（写真と文：石川）

クルーズ No.26 （このマークは船内ロシア語）

チャイコフスキーの故郷を訪ねるクルーズ ボルガの支流、カマ川を往く

16泊（泊単価　約€120～）

日	港（船着場）／予定
1	モスクワで乗船
2	モスクワ クリンのチャイコフスキー博物館へ 船長・歓迎カクテル・パーティーと 歓迎コンサート
3	ウグリチ、講演：チャイコフスキーの幼少／青年時代、市内観光
4	ヤロスラブリ チャイコフスキー通り散策 民族音楽観賞 講演「ロシアの有名作曲家」
5	ロシア語のレッスン、オペラの夕べ
6	ロシアンティー、観光、コンサート
7	ニジネカムスク観光後、音楽の夕べ
8	ボトキンスク チャイコフスキーの家博物館 40分コンサート
9	ペルミ チャイコフスキー劇場のオペラ、バレエ
10	チャイコフスキー（地名）徒歩観光
11	クルーズを楽しみながら、船内で休息
12	チェボクサリ、市内観光
13	ニジニ・ノブゴロド
14	コストロマ観光後、ロシア語レッスン
15	ムイシキン、希望者はネズミ博物館 お別れディナー
16	ブリッジ見学、モスクワに午後帰着 ランチ後、ボリショイ劇場／（人の） サーカス／チャイコフスキーホールの いずれか見学
17	朝食後、下船、解散

注意：観光案内や講演が日本語ならねえ（ため息）

企画・実施：オーソドックス社
相談・お問い合わせ：ユーラスツアーズ
（03-5562-3381）

ロシア点描：
オデッサ港風景
オデッサ港の客船用桟橋。旧ソ連時代には、市民は、ドニエプル川やドン川から幾日も掛けて黒海沿岸にクルーズを楽しんだ。
(写真と文：石川)

ロシア点描：
モスクワ北港
モスクワには、南港と北港の２つの河港があるが、クルーズ船は、ほとんど、メトロで簡単に行ける北港から発着する。
(写真と文：石川)

ロシア点描：
結婚式に向かう馬車
新郎新婦を乗せて往来を走る馬車を、私は何度も見たことがある。結婚式といえば、飾り立てた乗用車が多いが、馬車も健在。
(写真と文：石川)

メトロのチケット

Ports of Call　モスクワとボルガ川とモスクワ運河

◆モスクワ運河〔注〕

リバークルーズでは、立派なクルーズ用の建物があるモスクワ運河の北港を使います。

◆ボルガ川

水源はモスクワ北西部・海抜225ｍの丘にあります。モスクワと運河でつながる前は100㎞（＝東京駅～熱海駅）以上も離れていました。河口の海抜マイナス25～30ｍのカスピ海のボルガデルタは、ペリカンやキツネなどの野生動物の天国ですが、これはカスピ海の海水の塩分が瀬戸内海の3分の1と薄いのが幸いしているようです。約3千㎞の長い川で高低差たった約250ｍですから、勾配は10㎞で83㎝。日本の川と比較すると流れていないのも同然ですが、雪解け時にはこれが洪水（溢水）の原因になるので、途中には水力発電のためもあって9つの巨大な人口湖が造られていて、船はそこをロックで通過します。大きな湖は琵琶湖の10倍もの広さがあり、荒天時には海並みの大波が立ちますから、ロシアの川船は背が高く、居住部は高いデッキ（階）に配置しています。

◆モスクワ

1930年代にモスクワ運河が建設され、モスクワはボルガ川につながってロシアの水運の中心都市に変身しました。

①モスクワでのクルーズ族のホテル

メトロ3号線のパルチザンスカヤ駅に近い**ホテルベガ**が最適です。これはオリンピックの選手村として建設された大コンドミニアム群の一つで、決して豪華絢爛なホテルではありませんが、清く正しく美しい大ホテルで、いまも館内外の警備は万全です。ホテルの受付の右に公設両替所、ロシア鉄道の発券や水上バスにも強い旅行社が並んでいます。その旅行社は日本の旅行社とも濃厚な取引関係があり、私が日本の旅行社から予約しておいた指定券をそこで受け取ると「渡邊さんが受け取っていきました」とリアルタイムでユーラスツアーズに伝わります。

②ククラチョフ劇場

2004年の来日時には大きな話題になった劇団で、バレエやサーカスに目の肥えた人は見逃せません。チケットは市内のカッサで購入。

③ボルガの船曳き水夫の絵を鑑賞
（これはサンクトペテルブルクですが）

国立ロシア美術館に収蔵。英名は「ボルガボートメン」つまり水夫で、曳いているのはそのときだけ陸上で雇うウオークメン（人夫）ではありません。つまりボルガ川のバージにはこの絵のように多くの水夫が常時乗り込んでいたようです。

〔注〕1947年までは、モスクワ・ボルガ運河が正式名称

イリヤ・レービン（1844～1930）の1870年頃の作品

♪ ヴォルガの舟歌 ♪
訳詞：門馬直衛

えいこーら！　えいこーら！
（と、3回）
もひとつ、えいこーら！
そら曳け舟を
そら巻け綱を

JASRAC出1215729-201

（日本語に意訳した門馬直衛さんはロクロで綱を巻く姿を想像しました）

母なるボルガ川の
グランドクルーズ
モスクワからアゾフ海まで

オーソドックス社は、ロシア国民やウクライナなどの旧ソビエト連邦の国民のために、モスクワからアゾフ海（黒海の入り江のような海）までの15泊のリバークルーズを「母なるボルガのグランドクルーズ」として発表しています。訪れる街は周辺国に住む人には歴史的なかかわりも多い次の街です。

ヤロスラブリ　預言者イリヤ教会やスパソ・プレオブラジェンスキー修道院など由緒ある建造物が多い。

チェボクサリ　チュヴァシ共和国の首都。17世紀の鐘楼を持つイエブデンスキー聖堂やトロイツキー修道院など多くの名跡があります。

カザン　タタールスタン共和国の首都で中央ボルガの真珠の名があります。

ロストフ・ナ・ドヌ　18世紀のコサック兵の拠点として知られています。

でも、ここの水域に就航する世界区のクルーズ会社はまだありません。

クルーズ No.28

「母なるボルガ」グランドクルーズ
地方区のもう一つのグランドクルーズ

15泊（南行）または16泊（北行）

日	港（船着場）／予定
1	モスクワで乗船、歓迎晩餐会
2	モスクワ、市内観光
3	モスクワ、バス観光
4	ウグリチ、徒歩で市内観光
5	ヤロスラブリ、市内観光
6	コストロマ、バス観光
7	ニジニ・ノブゴロド、観光
8	チェボクサリ、市内観光
9	カザン、市内観光
10	シンビルスク、レーニン博物館
11	サマラ、市内バス観光
12	サラトフ、市内バス観光
13～14	ボルゴグラード、ママイの戦跡
15	ロストフ・ナ・ドヌ、市内観光
16	ロストフ・ナ・ドヌで下船

企画・実施：オーソドックス社
相談・お問い合わせ：ユーラスツアーズ
（03-5562-3381）

ロシア点描：
港の船
大都会と違って、小さな町の港では桟橋の数が限られるので、船は横並びに停泊して、沖側の船客は傍船の中を通って上陸する。（写真と文：石川）

ロシア点描：
モスクワ運河を往来するクルーズ船
モスクワとサンクトペテルブルクを結ぶ河川クルーズは、途中に観光スポットのキジー島などにも寄るとあって人気は加熱ぎみ。（写真と文：石川）

モスクワの「黄金の環」の船旅

　ボルガ川には東西に支流があります。西側はオカ川（約1500㎞）、東側はカマ川（約1800㎞）でこれは先にチャイコフスキーの故郷を訪ねるクルーズ（39頁）で紹介しました。普通、モスクワの「黄金の環」というとバスで巡りますが、クルーズの「黄金の環」はモスクワ運河、ボルガ川、オカ川をリング状につないで北向き11泊、南向き10泊で回ります。

「黄金の環」リバークルーズの主な都市

ウグリチ　1148年に創設され、古代ロシアで最も愛された街です。16世紀の終わりに、イワン雷帝の7番目の妻だったマリヤ・ナガヤがここで流刑同然の生活を強いられたことで有名です。

ニジニ・ノブゴロド　1221年に創建されたこの街は、東洋・シベリア・トルコから来た商人の交易の場として栄えました。

　オーソドックス社は、この珠玉のようなリバークルーズを開発しては、世界区のクルーズ会社（オペレーター）や旅行社に、クルーズ船も乗員も船長もセットにして売り込むのを主な仕事の一つにしていますが、その商売の進め方にややロシア流の気まぐれなところがあって、西側の旅行社はそのクルーズの採用にためらいがちです。

クルーズ No.29

モスクワ「黄金の環」クルーズ版

南回りの場合

日	港（船着場）／予定
1	モスクワ（北港）で乗船
2	モスクワ、クレムリンと聖堂、出港
3	ムイシキン、市内徒歩観光
4	ヤロスラブリ、市内観光
5	ニジニ・ノブゴロド、観光
6	パブロボ、ムロム、市内観光
7	ムロム、ウラジミル、スズダリ
8	カシモフ、市内徒歩観光
9	リャザン、コンスタンチノボ
10	モスクワ（南港）到着、観光
11	モスクワ、市内観光
12	モスクワ（南港）で下船

企画・実施：オーソドックス社
ご相談・お申込み：ユーラスツアーズ（右頁）他

⑤ 黒海

黒海はアジアとヨーロッパに挟まれていて、日本からも近く、川と海の両方のクルーズが乗り入れる、見所も多い水の秘境です

　それなのに、これまでの海外旅行では、その先のヨーロッパに目を奪われて、黒海はあまり注目されず、海外旅行のガイドブックもほとんど触れていません。しかし、ここには素晴らしいスポットがたくさんあり、エコ満喫のクルーズも増えているように感じるので、この本では黒海についてたっぷり紹介します。すでにお話ししたように黒海は

◆川と海のクルーズの両方の船が乗り入れている

のと、最近注目を集めている

◆歴史・音楽・文化も豊かなエコクルージング

の点でも観光素材が豊富な水・海域です。

　黒海の東側は、サッカー・ワールドカップのアジア予選で日本とも対戦するアジアの国々です。とくにグルジア（トルコの隣国）は黒海関の出身地で、呼び出しさんが朗々とグルジアの国名を呼び上げていましたから、ご存知の方も多いでしょう。最近では新油田が発見され、早ばやと日本企業も参画しています。グルジアの石油は、黒海経由や２０１３年秋に開通するイスタンブールのボスポラス海峡地下鉄道トンネル経由で西側市場に運ぶのに便利なのが特徴です。

幸運にも私はまだ荒削りだった黒海沿岸諸国に仕事で度々滞在した経験があり、そこの湿原にはボートでよく釣りに出掛けました

　１９６０年代後半の当時は１ドルが３６０円時代で、週末はお金の掛からないボート遊びで過ごしましたが、いまになってみると、これは貴重な経験でした。あるとき、黒海の水を舐めてみたところ、私が育った瀬戸内海の水に比べると塩分はうんと薄く、真水に少し塩を振った、うがい水のような感じでした。帰国したあと知ったのですが、日本の海の塩分の半分くらい、カスピ海の塩分は３分の１だそうです。

　釣りをしていて大物が掛かると、魚がビシャビシャ水面で暴れ、その音に驚いた湿

ボスポラス海峡の船から見たイスタンブール（写真：のぶなが）

地に隠れていたペリカンの大群が一斉に飛び立ちます。１羽が飛び立つと、他の鳥もつられるように空に舞い上がるのです。そして飛び上がりながらフンを落とすので、大群が頭上を通過するときには閉口したことを覚えています。鳥たちの体重を少しでも軽くするためだそうですが、そう言えば英国の犬もそれと同じで…。

コンテッツアの泥パック

いま、パリの美容界では鳥の落とし物が混ざったコンテッツアの泥パック、それも2回パックが人気で、観光と美容、趣味と実益を兼ねたドナウデルタ週末ツアーがあるそうです。たったいまラジオが、日本の主婦が使うひと月の化粧品代は夫の小遣いと同額の月2・5万円になったと伝えていました。美容に関心のある読者のために、なぜこの泥パックに抜群の効果があるのか、後で紹介します。

黒海沿岸で最も南に位置するのが上のパノラマ写真のトルコです。トルコは地中海気候なので年間を通じて過ごしやすい国です。歴史的にも日本と敵対したことがなく、昔から友好的で、日本での好感度もナンバーワンです。世界的にも人気があるのは同じで、イスタンブールに寄港したり、一、二日ここに停泊する海のクルーズも増えています。

黒海を中心に見た主な水路は
◆流れ込む川…ドナウ川、ドニエプル川、ボルガ川、ドン川
◆外海との接続…ボスポラス海峡（イスタンブール）で地中海と接続する
これらの川と海のクルーズ船が乗り入れているのが黒海です。

↑ロシア点描：コサック・ショウ
穏やかな気候と肥沃な黒土とに恵まれたウクライナでは、かつて馬が農耕や輸送の主役で、日露戦争でも騎馬隊として活躍した。（写真と文：石川）

↑ロシア点描：サポロージュの巨大ロック
ヨーロッパやロシアで最大の水位差を克服するロック〔注〕で、ドニエプル川と黒海との間で円滑な船の通行を可能にした。（写真と文：石川）
〔注〕写真のように、両開きの観音扉のロック（＝マイター式ロック）は、日本では珍しい構造である。（著者）

川と黒海西沿岸を一度に経験できるツー・フォー・ワンの欲張りクルーズ

　アジアとヨーロッパの間に、投げ飛ばされた黒海関のようにドスンと横に長いのが黒海です。日本の国土面積と同じくらいの広さの大海です。日本から近いにもかかわらず、人々はこの上を跳び越してヨーロッパ各地に急ぎますが、このクルーズの出発港キエフは、日本からフェリーと鉄道でロンドンへ行くときの、ちょうど中間点の都市です。私はいつもキエフ駅のプラットフォームでドライバーから、日本で予約しておいた、キエフからロンドンまでの列車の切符を受け取ります（127頁）。それがなぜモスクワのベガホテル内の旅行社で発券できないのかは知りません。

　さて、ここ数年、ヨーロッパ旅行に飽きた人たちが黒海周辺に目を向け始めました。北欧やアラスカ、ロシアへのクルーズもその例ですが、ロシア／ウクライナ・クルーズの人気ナンバー・ツー〔注〕を次に紹介しましょう。これはドニエプル川と黒海のクルーズです。ドニエプル川をリバークルーズして下り、ヨーロッパ一の高低差のあるロック（写真）を通って黒海へ出て、ヤルタ、オデッサなど歴史の話題も多いし景勝地でもある黒海沿岸各地を巡る海のクルーズを続けます（当然この逆向きもあります）。左に紹介するのは、5年ほど前にニッコウトラベルが実施したツアーで、オーソドックス社の船でのクルーズを自社のツアーに編成したものです。いまでは珍しいコースですが、このツアーでは地図のようにオデッサの先のドナウデルタも遡って、そのあと黒海に戻り、ネセバルまでクルーズしました。乗客はそこで下船してバスでネセバル観光をしながら、最後はイスタンブールまで足を伸ばしてバスで観光しました。いまはオデッサから先に行かないのは

①ドナウデルタのクルーズ船での航行が、水深の関係や最新の水路図の不備などで年々難しくなっている（地元のフェリーや遊覧船は運航しています）

②ドニエプル川と黒海のオデッサまでのク

ルーズだけで旅行者は満腹になるという理由です。しかし、エコ旅行の人気が高まっている現在なら、このツアーが衆知されれば、満席になることは確実ですから、ニッコウトラベルさんにエールを送る意味も込めて、ここに掲載しました。現状では、たとえばドナウデルタの河口に寄港してデルタを散策してもいいし、その河口の水路を熟知している遊覧船に乗り換えてドナウデルタを遡ってもいいでしょう。確かア・ローザ社（気品のあるキリリとしたドイツ娘のような船を運航しているドイツ地方区のクルーズ会社）は、ベラ、ドナ、ミア、リバの四姉妹船をライン～ドナウ川系に配船（２０１０年）。しかし、「日本は想定外の市場」と、丁重に私の取材を辞退してきましたが、この会社はいまでもドナウ川をギリギリまで下ってきて、そこからドナウデルタにあるドナウ川のキロポストまでを散策するエクスカーションツアーを実施していますから、日本人向けクルーズにもそれを取入れてもいいと思います。ロシアの綺麗な写真をたくさん提供していただいた石川先生（34頁）に限らず、日本人はキロポストで証拠写真を撮るクセがあるようです。

〔注〕人気ナンバー・ワンは、ロシアのモスクワ～（キジー島）～サンクトペテルブルクのリバークルーズです（36頁～）。

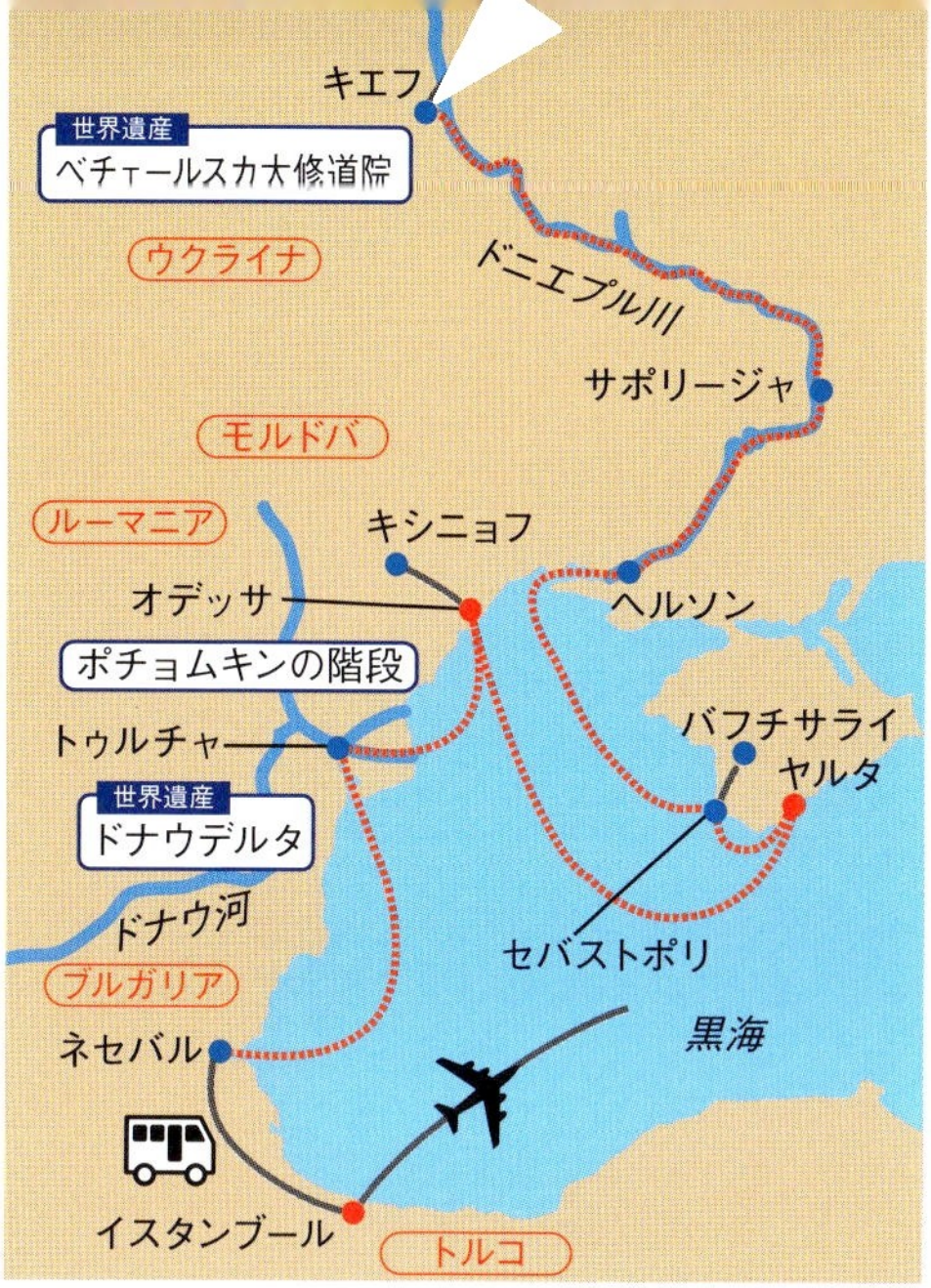

クルーズ No.30

ドニエプル川から黒海西沿岸クルーズ

全14泊（イスタンブールのホテル2泊、船12泊）
オーソドックス社シュフチェンコ号利用
2階St.客室（8.4㎡）618,000円～

日	港（船着場）／予定
	（まずドニエプル川クルーズ）
1	成田集合（夜までに）
2	イスタンブール着 イスタンブールのホテル宿泊
3	キエフ着、キエフ観光後、乗船
4	ドニエプル川下り、大ロック通過
5	サポリージャ、市内観光
6	ヘルソン河口、ドニエプルデルタへ
	（ここより黒海クルーズ）
7	セバストポリ・バフチサライ観光
8	ヤルタ、ヤルタ観光
9	ヤルタ、午後クリミア半島を離れる
10	オデッサ、午後オデッサ観光
11	黒海クルーズ、夕方トゥルチャ
12	トゥルチャ入港
13	ドナウデルタを遊覧船で
14	ネセバルで下船 市内観光しながらイスタンブールへ イスタンブールのホテル泊
15	イスタンブール市内観光後、空港へ
16	成田着、解散

当時の実施：ニッコウトラベル

港（船着場）はどこにあるのか

クルーズ船の船着場は地図の「錨マーク」の所です。私たちの年配の者は、次のような歌をラジオで聞きながら勉強をしたものです。

♪ ウスクダラ～ ♪
訳詞：音羽たかし

皆さん “トルコ帽”をごぞんじでしょう
ウスクダラはそのトルコの西の
はずれのある古い小さな城下町です
♪ウスクダラ　はるばる　尋ねてみたら
世にも不思議な　噂の通り
町を歩いて　驚いた

〔注〕ウスクダラとは、ユスキュダルのこと

船着場はそのユスキュダルの向こう岸、イスタンブール市のど真ん中にあります。ボスポラス海峡は市内を流れる川のようです。その海峡の西岸（ヨーロッパ側）で、南の海峡入口から数キロ北に遡ったところに、クルーズ船の船着場に並んで、海峡遊覧船や沿岸フェリーの乗り場も並んでいます。そのため、クルーズ会社が教えてくれる船着場や共同桟橋の呼名はまちまちですから注意してください。船着場の前にはお店もたくさんあり旅行客には便利ですが、そこの海峡幅は狭いので、港やその沖に多くの豪華客船が長期間停泊すると、海峡を封鎖する形になってしまうので、どんな船もここに長居はできません。

この港の曰く因縁・故事来歴

日本人旅行者のイスタンブールに対する評判は好感度部門で第1位に躍り出ました。ようやく日本人旅行客も、ロンドンやパリに飽きてきたと見えます。

昔、ボスポラス海峡の横断橋もなかった頃に、はるばるシルクロードからラクダの隊商によって運ばれてきたアジアの特産物は、この海峡に突き当たって、船に積み替えるまで一時そこに停留しました。逆方向にヨーロッパの川や運河で運ばれてきた産物も、同じように海峡に突き当たってこの港辺りに停留したと思われます。ちなみに、この海峡の表面の海水は黒海側に、下層水は地中海側に流れる（これは潮の干満で逆転）という複雑な流れです。

こうしてイスタンブールにはアジアとヨーロッパの両方の人や物資が堆積して、独特のエキゾチックな文化が育まれたのでしょう。一見すると不合理に見えることから、図らずもイスタンブールの混血文化が生まれたことになります。しかし、いままさに、アジアからのレールとヨーロッパからのレールが海峡下の海底トン

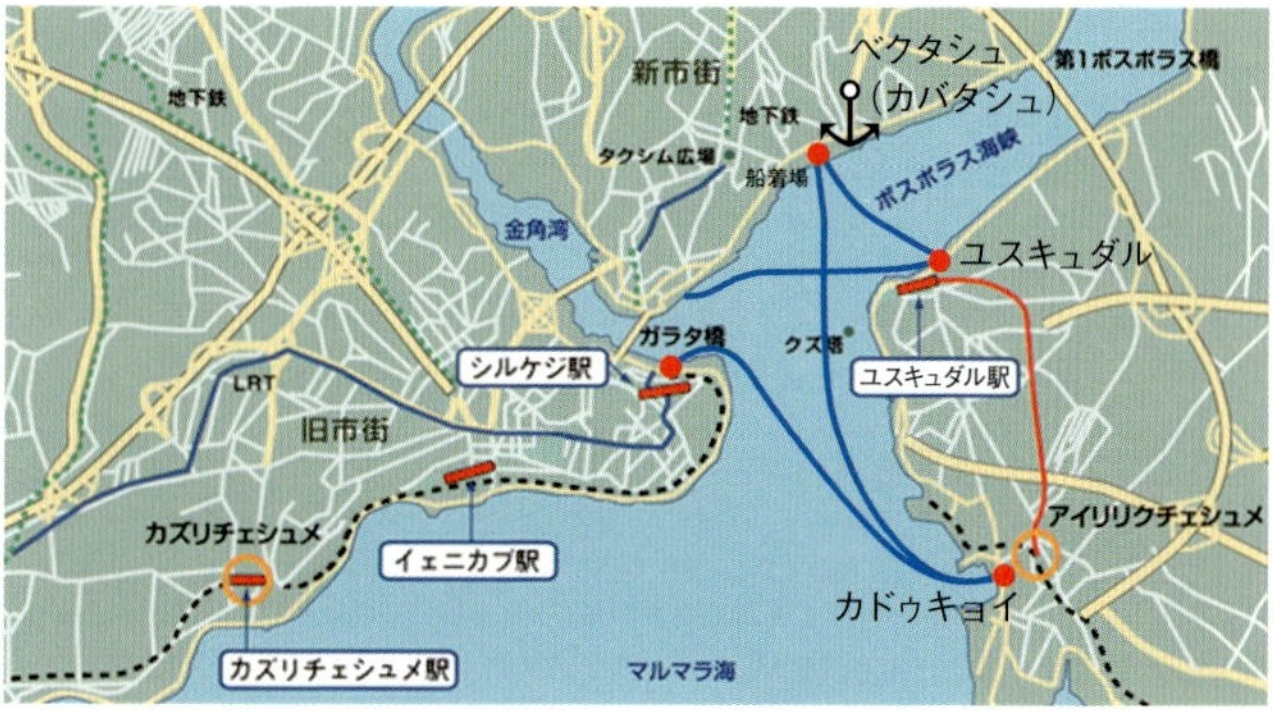

海峡フェリーの運航図

KADIKÖY - BEŞİKTAŞ
(Pazar ve Bayram günleri hariç hergün)

KADIKÖY - BEŞİKTAŞ		BEŞİKTAŞ - KADIKÖY	
06:45	14:15	07:15	14:45
07:15	14:45	07:45	15:15
07:45	15:15	08:15	15:45
08:15	15:45	08:45	16:15
08:45	16:15	09:15	16:45
09:15	16:45	09:45	17:15
09:45	17:15	10:15	17:45
10:15	17:45	10:45	18:15
10:45	18:15	11:15	18:45
11:15	18:45	11:45	19:15
11:45	19:15	12:15	19:45
12:15	19:45	12:45	20:15
12:45	20:15	13:15	20:45
13:15	20:45	13:45	21:15
13:45	-	14:15	-

カドゥキョイ⇔ベクタシュ海峡フェリー時刻表（写真：のぶなが）

Ports of Call

ネルで直結されようとしています。そうなると、この国の混血文化の将来はどうなるのでしょうね。

　ある時期、私が軒を借りて仕事をしていた会社の欧州オフィスはウィーンにありました。ヨーロッパのどこの国に出張するときでも、まずウィーン・オフィスに立ち寄って、総支配人が運転するシアットで各国へ向かいました。総支配人はドイツオペラ、私はクルーズと関心の対象は異なりますが、2人は共にドライブはちっとも苦にならないたちで、その他のことでも妙に波長が合いましたから、どこの国に行くにも2人でシアットです。たとえばロンドンへ出張するときでも、アムステルダムから夜行便の国際フェリーで英国に渡ると、翌朝9時にはロンドンで仕事にかかれます。

　ウィーンはヨーロッパの「へそ」の位置にあり、このように他のどこの国へも、午後に出発すると、翌日には目的地で仕事にかかれるという感じです。この欧州横断・縦断・たすき掛けツーリングのお陰で、私は川や運河、ロックをしっかり確認することができましたし、週末にはリバークルーズを堪能しました。貴方も一度、ヨーロッパで列車旅行にトライされてはいかがですか。日本でメトロや電車に乗るのと同じですよ。

	ボスポラス海峡	来島海峡（愛媛県）
最狭部	約 800m	約 1,800m
潮の最大流速	9km/ 時	8.3km/ 時
流域の特徴	川のように屈曲	島多し

ここにはどんなクルーズがあるのか

◆イスタンブールに寄港するリバーシップはまだありませんが、70頁に紹介する旅のように、クルーズの前または後にイスタンブールのホテルに3泊程度前・後泊する世界区のツアーがよくあります。イスタンブールは米国人にも人気があります。

◆海峡内のフェリー兼観光船（1、2時間程度）が船着場の周辺から頻繁に出ています（写真時刻表は一例）。

◆海のクルーズ船は、寄港しても早朝入港して夕方か夜にあわただしく出港していく、いわゆるトイレ寄港が普通で、イスタンブールに停泊するのはまれです。

◆黒海内を数日かけて周遊する小型船クルーズが、わずかですがあります。（70頁）

◆黒海方面へはオデッサ、ヤルタ、ノヴォロシースクへと、またマルマラ海・チャナッカレ海峡方面に1日数便、沿岸フェリーが船着場の一角から発着しています。

黒海沿岸方面への沿岸フェリー

運航会社　Bumerag Company Turism & Trade S.A.
（日本に、この会社の代理店はない）

イスタンブール（トルコ）	④23:59 ↓	③ 8:00 ↑
ヤルタ（ウクライナ）	⑥23:00	①21:00

①：月曜　②：火曜　③：水曜　④：木曜
⑤：金曜　⑥：土曜　⑦：日曜
（上り・下りとも寄港地があるので要確認）

（参考）所要時間は、大阪⇔上海の日中国際フェリーの場合とほぼ同じ

地球一周クルーズの黒海乗り入れ

第75回ピースボート地球一周のクルーズでは、航程表のように途中で黒海に乗り入れましたが、これは世界一周旅行としてはたいへん珍しいことです。世界一周クルーズでは、約100日の航程中に、いかに多くの国を訪問できるか、いくつの世界遺産に立ち寄れるか、などを船会社は気にして日程を編成するからです。

ピースボートの船がオーシャンドリーム号に変わりました。新・旧のシップデータの比較表をご覧ください。船は気持ち小ぶりになり、逆にエレベーターは増えて、結果として充実。今度の船は一言でいうと若くて器量よし。一時コスタ社が使っていた船だけのことはあると感じました。客室はベッドが日本人用に小ぶりになり、それだけ乗客はキャビン内で動きやすくなったと私は実感しました。アチワさん御夫妻（海の船旅編50頁）は今度は電池式バリカン2台と、大きめの洗面器を持って、2度目のご乗船。ピースボートのクルーズでは自衛することが肝要とおっしゃって…。

ピースボートの新しいオーシャンドリーム号（すでに第86回地球一周より就航）⬇

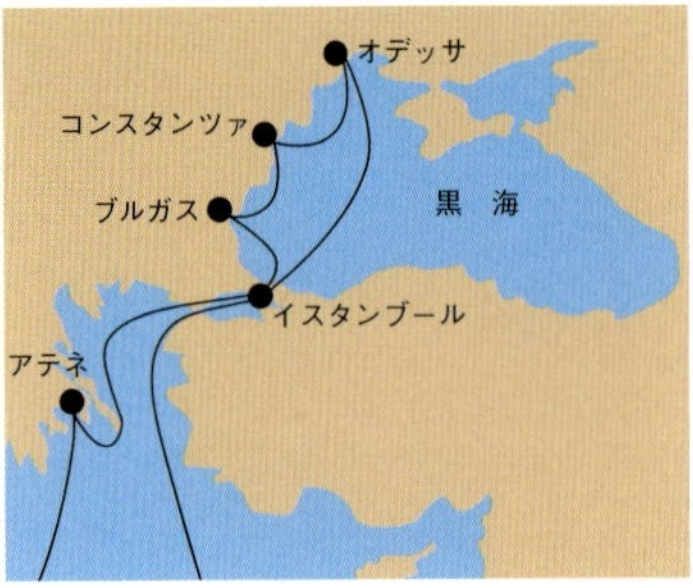

クルーズ No.31

地球一周の途中に黒海乗り入れ

ピースボートは100泊の第75回クルーズ中に、黒海沿岸を約5日航行する。

この船旅の特徴：あえてヤルタには寄港せず、代わりにオデッサで洋上泊して、2日間たっぷりオデッサ観光するのは非常に珍しい

全100泊　¥1,290,000～
（正規価格、泊単価¥12,900～）

日	港（船着場）／予定
1	横浜から夕刻、地球一周の船旅に出発
10	タヒチ（パペーテ）、朝着、夜発
～	
66	イスタンブール、朝着、夜発 （約3時間かけて夜のボスポラス海峡通過）
67	ブルガス（ブルガリア）、午前着、夜発
68	コンスタンツァ（ルーマニア）、午前着、夜発
69	オデッサ（ウクライナ）、午後着、オデッサたっぷり観光
70	オデッサ（ウクライナ）、深夜発
71	黒海航海
～	
73	ボスポラス海峡通過
74	ポートサイド（エジプト）、早朝着
～	
101	横浜、朝着

船名	トン数	全長×幅	乗客／乗組員	セルフサービス洗濯機	保育園
オーシャンドリーム号	35,265	205×26.5m	1,422／550人〔注〕	なし（ありとする説も〔注〕）	あり
オセアニック号	38,772	238×29.4m	1,550／565人〔注〕	なし	あり

〔注〕Douglas Ward著『Cruising & Cruise Ships』2008, 2012

名古屋港の船内見学会で（ピースボートの新しい船）

いちばん安いフレンドリー4人部屋

2交替制・広いレストラン

チャーチル首相は右手で高々とVサイン。ドイツ軍の降伏をそのVサインで知らせて、官邸下に集まった群衆と祝福し合いました。1945年5月8日の事です。

ヤルタ会談のとき、ソ連はまだ日本とは「日ソ中立条約」を結んでいる間柄で、日本とは戦っていませんでした。そこでヤルタ会談でルーズベルト米国大統領は、ソ連のスターリン首相に対して「ソ連はドイツ降伏後、3か月以内に日ソ中立条約を解消して日本に参戦するように」迫ったと伝えられています。ドイツは5月8日に降伏したので、ソ連は律儀にもきっちり3か月後の8月9日早朝に満州地方で日本との戦闘を始めて太平洋戦争に名目参戦しました（戦ったのはたった7日間だけです）。それでソ連は南樺太（サハリン）や北方四島を取り返しました。そんな経緯もあって現在、ヤルタと、半分実話映画の『戦艦ポチョムキン』の舞台になったオデッサは、ロシア人の間では人気都市になっています。そこへの旅は、元ソ連領のキエフ（ウクライナ）で乗船してドニエプル川を下り、そのまま黒海に出てヤルタやオデッサに寄港するのが定番クルーズになっています（この逆ルートも）。

だからロシア人向けのこの地方区のクルーズ会社はたくさんあり、かなり古い船も使っているようです。一方、世界区のクルーズ会社の中には、万事英語で過ごせて、乗客が世界標準の各種サービスが受けられる自社船を、この水域に連続就航させている会社もあります。それらキエフ発のクルーズの終着港はいろいろですが、詳しくはこの後のロシア水域のクルーズのところで紹介しています。ロシア人乗客相手の地方区の船では、船内で通用するのはロシア語やウクライナ語、あるいはその隣接国の言葉ですから、もし日本人旅行者がロシア地方区の船に迷い込んだら、それこそ猫の国の船に乗ったような感じがするでしょう。それに地方区の船では、そのクルーズの内容もサービスも、すべてがロシア独特の常識やロシア標準に沿っているので、石川先生のようなこの国へのヘビーリピーターを除いて、一般の旅行者は世界区のクルーズか、日本の旅行社が催行する日本人添乗員付きの地方区クルーズを選ぶのが無難だと思います。さて、このドニエプル川のデルタ付近は軍艦がよく航行することもあって、ちゃんと浚渫され航路が確保されていますが、お隣のドン川（ボルガ川と運河で接続）のドン・デルタをクルーズする船はまだありません。

最後の軍需物資輸送船団
―ヒ86船団全滅の悲劇―

太平洋戦争の末期、日本海軍は燃料や軍艦・航空機などの製造に必要な資材を南方から運ぶために、資材を積んだ小型貨物船が船団を組んで岸に近いところを航行して、それを海軍の軍艦が沖側から護衛するという作戦を実行しました。しかし輸送船は次々と沈められ、このヒ86船団が仏印を1944年暮れに出港した頃は、海軍は中・小型貨物船も徴用しました。私の中学で漢文を教えられていたエアシッポン先生はその船団の事務長格で、ヒ86船団が敵機の攻撃で全船沈没する様を自分の乗った辰鳩丸が沈没して自身も足に重傷を負いながらも、下の航程表のように克明に経過を記録し、事務長代行の職務を全うされました。一方、全輸送船撃沈の報告を受けたマニラに居たマッカーサー将軍はニヤリとしてルーズベルト大統領に電話報告しました(54頁)。ヒ86船団には下表のように、近海を中心に運航していた辰馬汽船の貨物船や、神田川沿いのお茶の水から東京湾外への洋上投棄に活躍していた東京市衛生局の汚穢船の優清丸まで徴用されていました。優清丸は南洋に行くのはこれが初めてで、その速度は他船の半分くらいでしたから、つねに船団のしんがりを航行しました。実際は、いかに綺麗に中を洗浄しても、やはり多少は臭ったから、いちばん後ろについてもらったのでしょう。いま聞けば笑い話ですが、臭う船でもなんとかして燃料を日本まで運びたいと、当時の日本海軍はそれほど追い詰められていたのです。

門司⇒昭南島〔注1〕 ヒ86船団航程表

日	航程/事件
(1994年)	
12月30日	昭南島〔注1〕00:00発
(1995年)	
1月 9日	サンジャック(仏印〔注2〕)12:00発
12日	米偵察機に遭遇、後に攻撃を受ける
12:00	豫州丸・火災沈没
〜	輸送船団は次々と沈没し
18:00	最後に辰鳩丸沈没
	日没と共に米軍機の攻撃終了
	門司に帰港した輸送船なし

〔注1〕シンガポールの当時の日本名
〔注2〕フランス領インドシナ、現在のベトナム、ラオス、カンボジアに相当

ヒ86船団の構成(護衛艦+輸送船団) 護衛艦司令官:渋谷紫郎海軍少尉

護衛艦隊	練習巡洋艦『香椎』、海防艦『大東』『鵜来』『23号』『27号』『51号』計6隻				
輸送船団(油槽船)	さんるいす丸	三菱商事〔注1〕	7,268tons	136×17m	原油12,000tons
	極運丸	極洋捕鯨	10,045tons	157×20m	原油12,000tons
	大津山丸	三井船舶	6,859tons	137×18m	B重油他
	優清丸	東京市	600tons	49×9m	原油600tons
(貨物船)	辰鳩丸	辰馬汽船	5,396tons	127×17m	生ゴム、錫、ボーキサイト他
	建部丸	北日本汽船〔注2〕	4,519tons	113×16m	精製済航空燃料他
	豫州丸	宇和島運輸	5,711tons	125×16m	生ゴム、ボーキサイト他
	永万丸	日本郵船	6,968tons	137×18m	生ゴム、ボーキサイト他
	昭永丸	原田汽船〔注2〕	2,764tons	98×14m	重油〔注3〕、生ゴム
	No.63播州丸	西大洋漁業	533tons	不明	重油〔注3〕

〔注1〕船主は三菱汽船とする資料あり 〔注2〕大阪商船とする資料あり 〔注3〕ドラム缶詰め 積荷については異説あり

各船の建造に携わった方、船と運命を共にされた方に想いをはせ、せめて船名でもと思い掲載させていただきました。その他、数隻が参加していたとする説もあります。これらの先輩のお陰で、私たちはいまクルーズを楽しませていただいています。絶対に、戦争などといった愚かな事をしてはなりません。

（地名は当時の表記による）

ふたたび、海に墓標を—不戦の誓い

この「海に墓標を」の写真は、「海の船旅」編表紙カバー裏にも掲載しました。これは、「私たちはこの海に殉じた諸先輩のお陰で、いまクルーズを楽しむことができるということを忘れてはいけない」という私の思いからです。

この墓標は全日本海員組合関西地方支部会館内にある「戦没した船と海員の資料館」に掲げられています。神戸市の元町商店街の近く、あの海文堂書店からトコトコ歩いて行ける、潮の匂いの漂う海岸通りにあります。ここの見所は2つあります。

①当然のことですが「戦没した船と海員」にまつわる、いろんな展示品を観ることができます。その中に、あるダイビング雑誌の記事をパネルにして掲示してあります。その雑誌社は、南太平洋の海底にいまも眠っている多くの沈没商船のイラスト集を、それも各船をA4サイズに大きく描いて発行しました。

このイラストを見た人がどう感じるかは各自のご自由に、としているところは『戦艦ポチョムキン』の映画の場合とそっくりです。

②この会館を取り囲む、昔の風格を活かしたたたずまいのショップが、どれも素敵です。庶民的なブティックや、落ち着いた雰囲気のレストラン、アクセサリなどの雑貨店もあります。いずれもオールド神戸の、どちらかというとトラディショナルな、保守的なデザインや味が、驚くほどリーズナブルな価格で提供されています。神戸ファッションは、昔、ここの郊外にある神戸女学院に通う、阪神間の良家の子女たちが商店街・大通りを闊歩することで創り出され維持されてきたに違いないと、ここで青春の大部分を過ごした私は見ています。その神戸女学院も全国的な受験戦争に巻き込まれて、いまでは阪神間の良家の子女は思うようにそこに進学できなくなり、また神戸港もめっきり寂しくなりましたが、この一角のお店はみな、佳き時代の神戸を残してくれているように思えます。

第二次世界大戦終結への舞台づくり

その舞台となったのはソ連（当時）の構成国だったウクライナのクリミア半島にある保養地ヤルタのリヴァディア宮殿ですが、いまでも黒海へのクルーズ船はほとんど例外なくこのヤルタに寄港します〔注〕。１９４１年12月８日、日本海軍によるハワイ真珠湾への奇襲攻撃で始まった太平洋戦争では、日・独・伊の同盟国はわずか数年で、なし崩し的に連合国に降伏しました。

◇１９４３年９月　イタリア無条件降伏
◇１９４５年５月　ドイツ無条件降伏
◇同年　８月15日　日本無条件降伏

ヤルタ会談はこの会議室で、米国と英国が事前によく打ち合わせて、当時は微妙な立場にあったソ連と支那（中国）を巧みに絡ませて開かれました。

〔注〕黒海に乗り入れながらヤルタを素通りしたのはピースボートの第75回（クルーズNo.31）だけです。

マルタ会談でその後のヤルタ会談を相談

マルタは地中海の長靴の先にある小国で、ＴＤＩのクルーズNo.37、No.39の玄人向き地中海クルーズでは首都バレッタに寄港します。

マルタ会談（マルタ・コンフェレンス）　１９４５年１月30日～２月３日、この後のヤルタ会談に、ロシア連邦のスターリン書記長を呼ぶかどうかについて、米国大統領と英国首相が鳩首会談しました。当時ロシアは日本と日ソ中立条約を結んでいたからです。

もう一つのマルタ会談（マルタ・サミット）　１９８９年12月２日～３日、米ソの冷戦を終結しようと、ブッシュ大統領とゴルバチョフ首相が話し合いました。

ポツダム会談　ポツダムはベルリンの近くにある街で、ク

ロシア点描：リヴァディア宮殿
ヤルタ市街から遠からぬところにある。
第二次世界大戦末期、米英ソ三国首脳がここで会談、ソ連の対日参戦などを話し合った。（写真と文：石川）

ロシア点描：ヤルタ会談にゆかりの会議室
ヤルタ市郊外、リヴァディア宮殿内の一室。
三国首脳による歴史的な会談が行われた会議室の模様を再現している。（写真と文：石川）

ルーズ№19はポツダム市に寄ります。ドイツ降伏後の１９４５年７月17日～８月２日、米国大統領と英国首相とソ連のスターリン首相（当時は中立のはずなのに、なぜ参加した？）がここで会談し、その途中で日本に無条件降伏を迫るポツダム宣言を発表しました。

〈ポツダム宣言〉の骨子
（外務省一九六六年・公表資料より著者省録）

千九百四十五年七月二十六日・於ポツダム

一、吾等合衆国大統領、中華民国政府主席及「グレート・ブリテン」国総理大臣ハ吾等ノ数億ノ国民ヲ代表シ協議ノ上日本国ニ対シ今次ノ戦争ヲ終結スルノ機会ヲ与フルコトニ意見一致セリ

・・・

九、日本国軍隊ハ完全ニ武装ヲ解除セラレタル後各自ノ家庭ニ復帰シ平和的且生産的ノ生活ヲ営ムノ機会ヲ得シメラレルヘシ

十、・・・一切ノ戦争犯罪人に対シテハ厳重ナル処罰加ヘラルヘシ・・・

この後に２発の原爆が日本に落とされ日本が降伏したのは皆様がご承知の通りです。

ＴＤＩの
エコ・アカデミック系クルーズ

トラベルダイナミックスと堅田寛社長

トラベルダイナミックスインターナショナル（ＴＤＩ）は、各大学同窓会からの提案や要請を受けてクルーズを実施しているようにも見えます。オーシャンドリーム社の堅田寛社長が、ＴＤＩのこのアカデミックな事業の日本窓口を引き受けられてから、もう十余年。日本からの送客はこれまで増田さん（60頁）お一人。クルーズ代理店にとって、これはかなり悲惨な数字です。そこの洋上でその歴史について講義できる方が日本に一人いらっしゃいます。それは三笠宮様です。学習院大学でなく、東京女子大学や青山大学の教壇に立っておられたところがさすがです。オリエント古代史ご研究の実力で勝ち取られた教壇でしょう。叶うことなら宮様の講義を、黒海南方のペルシャ湾沿いの、いま戦場同様になっているチグリス川やユーフラテス川の上で受けることができたら最高でしょう。私は１９８７年頃にシアット車〔注1〕で何回かその川沿いを走りましたが、素朴で、渡し舟しかなく、昔のままの佇まいを残していて、ここで古代オリエント文化が育ったとはにわかには信じがたい所だったことと、ここはリバークルーズにも適していると感じたことをよく覚えています。ただ今は、ロケット弾が飛んでくるだけです。やがて両岸の石油が掘り尽くされて、両軍が戦い疲れて日が暮れて、平和になった暁には、ペルシャ湾岸沿いは新しいクルーズ水域として必ず脚光を浴びます。石井先生によると、石油が尽きるまで長くても約30年の辛抱だそうです。30年が40年になっても、地中に溜まっている石油は必ず尽きるそうですから〔注2〕、ペルシャ湾のクルーズ新水域の開拓に期待しましょう。

〔注1〕当時、スペインで生産したフィアット車にはシアットのエンブレムが付けられていました。

〔注2〕石井吉徳『石油ピークが来た』２００７年、日刊工業新聞社　99頁に資源エネルギー庁２００５年公表値「石油枯渇まで41年」とあるので、２０１３年では枯渇まで33年とした。

ＴＤＩの洋上講義

ＴＤＩのクルーズでは船内で、その水域や訪問地について、そこが専門の教授クラスや学芸員クラスの方による、レベルの高いレクチャー（講義）が受講できるのが、一つの特徴です。クルーズ費用が他のクルーズに比して若干高めに設定されているのは、このことも影響しているようです。

でもこのように、乗客みんなが共通の価値観を持っているクルーズには、何とも言えないある種の安心感があるようです。

ＴＤＩの黒海沿岸・文化遺産巡りの船旅

トルコの全土には日本の奈良みたいに史跡・遺跡が一杯埋まっています。本当はこれがトルコのウリなのですが、国内の鉄道や道路は百年ほど前の日本の状態で、旅行者は簡単には往き来できません。例えばイスタンブールからトラブゾンまでは東京から福岡、鹿児島辺りの距離ですが、そこまで行くのに数日がかりで、ＪＲ在来線を乗り継いで行くか、昔の一般道路をバスに揺られて行くか、

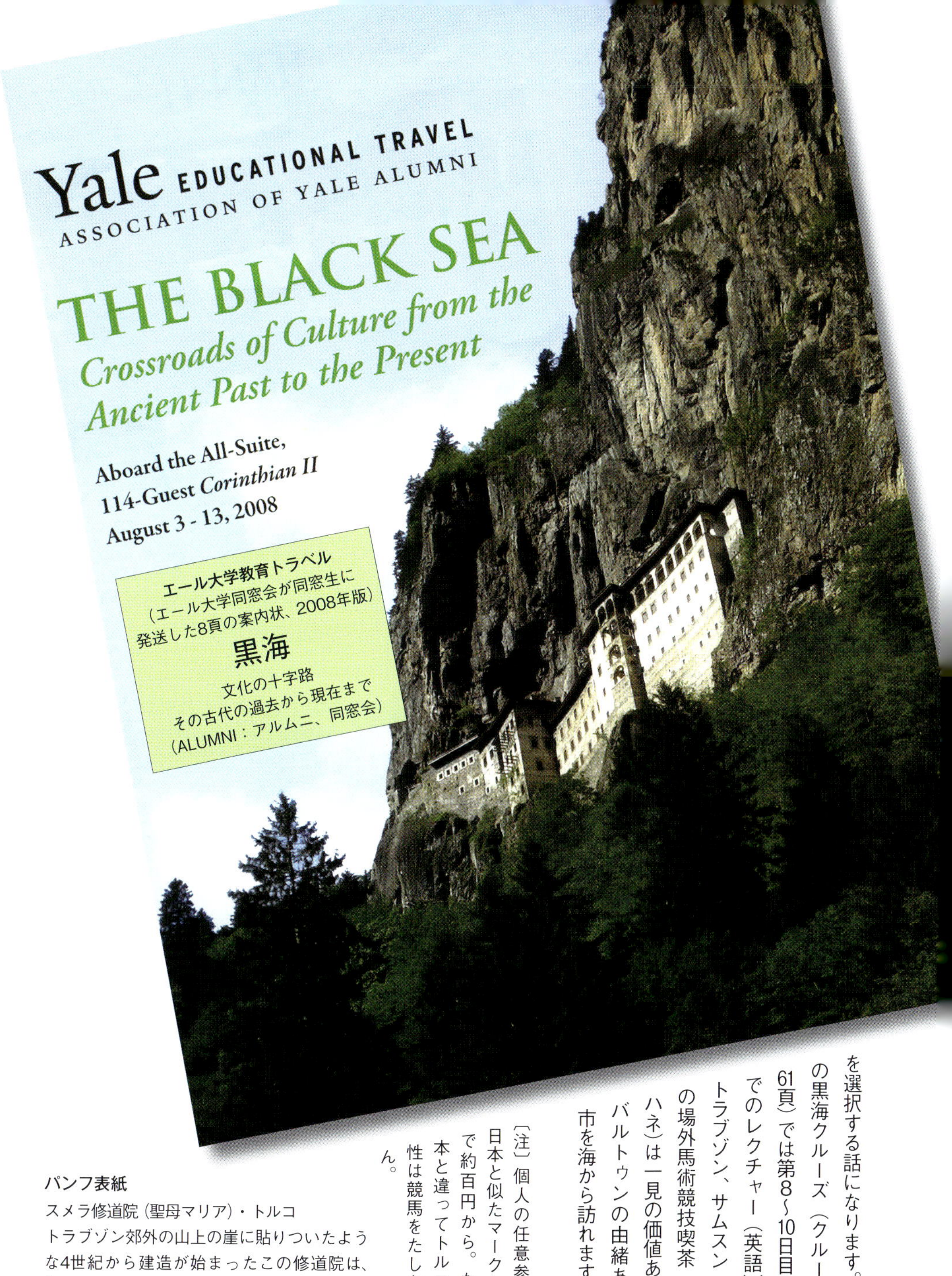
Yale EDUCATIONAL TRAVEL
ASSOCIATION OF YALE ALUMNI
THE BLACK SEA
Crossroads of Culture from the Ancient Past to the Present
Aboard the All-Suite, 114-Guest Corinthian II
August 3 - 13, 2008
エール大学教育トラベル
（エール大学同窓会が同窓生に
発送した8頁の案内状、2008年版）
黒海
文化の十字路
その古代の過去から現在まで
（ALUMNI：アルムニ、同窓会）

パンフ表紙

スメラ修道院（聖母マリア）・トルコ
トラブゾン郊外の山上の崖に貼りついたような4世紀から建造が始まったこの修道院は、代々の修道士の祈りのおかげで地震国にも関わらず崖崩れもなく、今も健在です。

を選択する話になります。TDIの黒海クルーズ（クルーズNo.51、61頁）では第8～10日目に、船内でのレクチャー（英語）付きでトラブゾン、サムスン（街なかの場外馬術競技喫茶（チャイハネ）は一見の価値あり〔注〕）、バルトゥンの由緒ある各都市を海から訪れます。

〔注〕個人の任意参加です。日本と似たマークシート式で約百円から。なお、日本と違ってトルコでは女性は競馬をたしなみません。

米国を代表する識者の間でも人気の定番クルーズです。（E、B の説明は 61 頁）

④ヴェニス（イタリア）⇒レメソス（キプロス）
クルーズ No.35　船 11 泊　E$7,496 ～ B$12,595 ～

⑤レメソス（キプロス）⇒イスタンブール（トルコ）
クルーズ No.36　船 10 泊 E$7,995 ～　B$12,495 ～

⑥イスタンブール（トルコ）⇒アテネ（ギリシャ）
クルーズ No.37　船 10 泊 E$7,995 ～　B$12,495 ～

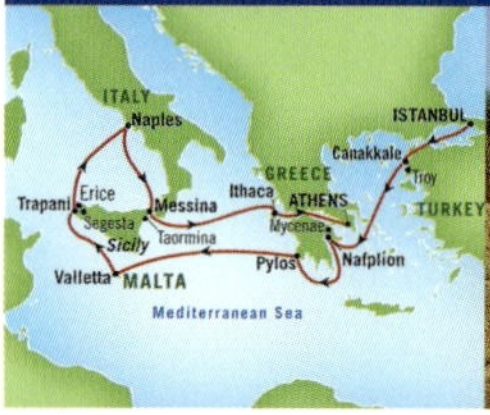

⑦アテネ（ギリシャ）⇒カターニア（イタリア）
クルーズ No.38　船 8 泊 E$6,995 ～　B$11,495 ～

⑧カターニア(イタリア)⇒チヴィタヴェッキア(イタリア)
クルーズ No.39　船 8 泊 E$7,995 ～　B$12,495 ～

地中海・黒海水域で、あなたをリッチにしますと豪語するトラベルダイナミックスインターナショナル（TDI）社のシーズン中の運航コースとその費用

船の写真：オーシャンドリームより

船は連続運航が原則です

このコリンシアン号に限らず、外国ではどこの会社のクルーズ船も、シーズン中はその船を連続運航します。つまり、帰港したら朝食後乗客を降ろして、その間に船は仕込みを済ませて、その日の夕方には新しい乗客を乗せて、出港します。

連続・はしごクルーズも出来ます

好みの複数のコースを連続クルーズすることもできます。予約するときに頼んでおくと、もちろん空いていればですが、同じキャビンでクルーズできます。

①セビリア（スペイン）⇔モロッコ方面へ
クルーズ No.32　船 8 泊　E$6,995 ～　B$9,995 ～

②セビリア（スペイン）⇒ヴェニス（イタリア）
クルーズ No.33　船 12 泊　E$8,395 ～　B$11,395 ～

③ヴェニス（イタリア）⇔モノポリ（イタリア）
クルーズ No.34　船 8 泊　E$6,495 ～　B$10,955 ～

TDIのヨーロッパ・黒海クルーズは、もう５年もこのスケジュールと同じ船で運航されている、

⑯ヴェニス（イタリア）⇒イスタンブール（トルコ）
クルーズ No.46　船 11 日 E$7,695 ～ B$12,495 ～

⑰イスタンブール（トルコ）⇒ヴェニス（イタリア）
クルーズ No.47　船 10 泊 E$6,9795 ～ B$11,495 ～

⑱ヴェニス（イタリア）⇒アテネ（ギリシャ）
クルーズ No.48　船 10 泊 E$7,995 ～ B$12,495 ～

⑲アテネ（ギリシャ）⇒イスタンブール（トルコ）
クルーズ No.49　船 11 泊 E$7,995 ～ B$12,495 ～

⑳イスタンブール（トルコ）⇒カディス（スペイン）
クルーズNo.50　船 15 泊　E$12,795 ～ B$19,995 ～

⑨⑩チヴィタヴェッキア（イタリア）⇒アテネ（ギリシャ）
クルーズ No.40,41　船 10 泊 E$7,695 ～ B$13,190 ～

⑪黒海クルーズは 61 頁に

⑫イスタンブール（トルコ）⇒チヴィタヴェッキア（イタリア）
クルーズ No.42　船 9 泊 E$6,9 95 ～ B$11,595 ～

⑬チヴィタヴェッキア（イタリア）⇒ヴェニス（イタリア）
クルーズ No.43　船 8 泊 E$6,795 ～ B$11,495 ～

⑭ヴェニス（イタリア）⇒バルセロナ（スペイン）
クルーズ No.44　船 9 泊 E$7,995 ～ B$12,495 ～

⑮バルセロナ（スペイン）⇒ヴェニス（イタリア）
クルーズ No.45　船 9 泊 E$7,995 ～ B$12,495 ～

＊この TDI 社のクルーズに限らず、どこの会社のクルーズでもよく変更がありますから、
計画するときには必ずクルーズ代理店にお確かめ下さい。

御一緒にギリシャから黒海沿岸の9泊10日の旅をして、私たちの洋上セミナーに参加しませんか

母校の同窓会から、このクルーズでこんな講義をするので参加しませんかと、案内が来ます。

TDIのクルーズは、こういうスタイルですが、クルーズの内容に賛同する人なら別にそこの同窓会員でなくても参加できます。いまはNYにお住まいのクルーズジャーナリストの増田和美さんはよくこれに参加されています。TDIの船は、リンドブラッド系の探索船のような簡素なキャビンや船内設備と違って、メガヨットタイプのコリンシアンⅡなどは、トラサルディ製トイレタリー、大理石のバスルーム、世界一流の各種アメニティのそろった、木質系の風格ある全室海向きのキャビンを60室も備え、左頁・下の価格表のようにペントハウススイート（PHS）もあります。

またヨーロッパ人シェフらが寄港地で調達した新鮮な食材を使った料理を、好きな席で食べることができます。乗組員の多くがヨーロッパ国籍なのがTDIの自慢の一つです。米国のミシシッピ川や五大湖へのクルーズ船では乗客の人数分のカヤックやゾディアック（エンジン付きの厚手ゴム製大型ボート）を積んでいます。TDI独特の個性的なクルーズ船は

◆地中海や黒海
◆ガラパゴス諸島などの南米
◆ミシシッピ川や五大湖
◆南極や北極

ごとにほぼ一船がそこに張り付いて、音楽演奏や一流学者のレクチャー付きで、シーズン中、巡ります。乗客は図らずもある学歴で差別化されて集まりますから、お互いの価値観はほぼ共通します。それが船内に何ともいえぬ安堵感を醸し出しているようです。大きな声では言えませんが、およそクルーズでは、何らかの差別があるほうが、お互いに幸せだと私は思います。心の中でそう思っているだけですが。

TDIの黒海へのクルーズでは、イスタンブールで下船して、インクルーシブの市内バス観光を終えて解散しますから、以後のイスタンブール滞在はフリープランで

TDIが太いパイプを持つ大学や団体（オーシャンドリーム社提供の資料による）

（利用する人の出身校・同窓会）

ノースウェスタン大学、イェール大学、スタンフォード大学、ハーバード大学、コロンビア大学、スミスカレッジ、ダートマスカレッジ、カリフォルニア大学バークレイ校、コーネル大学、シカゴ大学、ペンシルベニア大学、ヴァンダービルト大学、ブラウン大学、プリニメイワー大学、ジョンズ・ホプキンス大学、デューク大学、カレルトンカレッジ、ウェスレイカレッジ、ノースカロライナ大学、ハミルトンカレッジ、ミドルバリーカレッジ、ヴァサール大学、ユタ大学、バーナードカレッジ、ジョージタウン大学、タフツ大学、南カリフォルニア大学、ワシントン大学、ネブラスカ大学、メリーランド大学、ウィスコンシン大学、ミシガン大学、テキサス大学、テキサスA&M大学、エモリー大学、バージニア大学、ニューヨーク大学、ウィリアムズ大学、ペンシルベニア州立大学、他

（TDIをよく利用する団体）

スミソニアン博物館、米国考古学協会、米国歴史遺産ナショナルトラスト、米国オーデュボン協会、エクスプローラ協会、アメリカ自然史博物館、サンタバーバラ美術館、米国地理協会NY、フィールド自然史博物館シカゴ、スクリップス・バージ水族館、国際医療研究協会、フェアチャイルド熱帯植物園、純粋理性研究所、他

す。シーズンによっては、黒海への沿岸フェリーでもう一度ウクライナ地方にアンコール・クルーズ（49頁）したり、ドナウデルタに戻って現地のデルタ遊覧船に乗ってみるのも一案です。あるいは（２０１３年10月以降の東西連絡鉄道が開通後なら）ボスポラス海峡鉄道トンネルに大成建設さんを表敬訪問してから、アジア側のユスキュダル駅まで出掛けてチエミさんを偲び、その先は寝台車で横になったまま鉄道と、一部でラクダに乗ってシルクロード経由で日本に戻ってくることもできます（126頁～参照）が、そうなると、もうあなたはクルーズの達人です。

２０１５年からは、コリンシアンⅡ号にかわりコリンシアン号が運航します。

出典：ウィキペディア

ソチ冬季五輪スタジアム方向から見た黒海
2014年・第22回冬季五輪大会で世界に名の知られたソチ（Sochi）は黒海に面したロシア最南端、正にアジアの隣に位置する最大の保養地。未だクルーズ船は寄港しないが、五輪後は新しい名所として、クルーズでも脚光を浴びる町になるだろう。

クルーズ No.51

過去と現在の文化が共存する黒海

船9泊　E$7,895～（泊単価$790～）
ホテル1泊代も含む　他のキャビン価格は下記

日	港（寄港地）／予定
1	アテネ空港、ホテル集合
2	アテネ（ギリシャ）発
3	エーゲ海クルーズ
4	コンスタンツァ（ルーマニア）
5・6	オデッサ／セバストポリ
7	ヤルタ
8～10	黒海沿岸に寄港
11	イスタンブール、下船

催行頻度：年1回

実施：TDI
クルーズ代理店：オーシャンドリーム
（042-773-4037）

コリンシアンⅡ（4,200tons、90×15m、乗客114名）キャビン別クルーズ価格の例

キャビン	E	D	C	B	A	AA	VS	PHS	B：Single	A：Single
キャビン広さ	12.7㎡	20.7㎡	21.6㎡	21.6㎡	21.6㎡	26.2㎡	27.5㎡	36.3㎡	－	－
バルコニー	×	×	×	×	×	×	○	○	×	×
クルーズ料金	$7,895	$8,895	$9,895	$10,995	$11,995	$12,895	$14,195	$15,395	$12,995	$13,995
泊単価	$790	$890	$990	$1,100	$1,200	$1,290	$1,420	$1,540	$1,300	$1,400

TDIに限らずどこの会社のクルーズ価格も、その時によって変動しますので、実際にご利用になるときは、必ずクルーズ代理店にご確認ください。

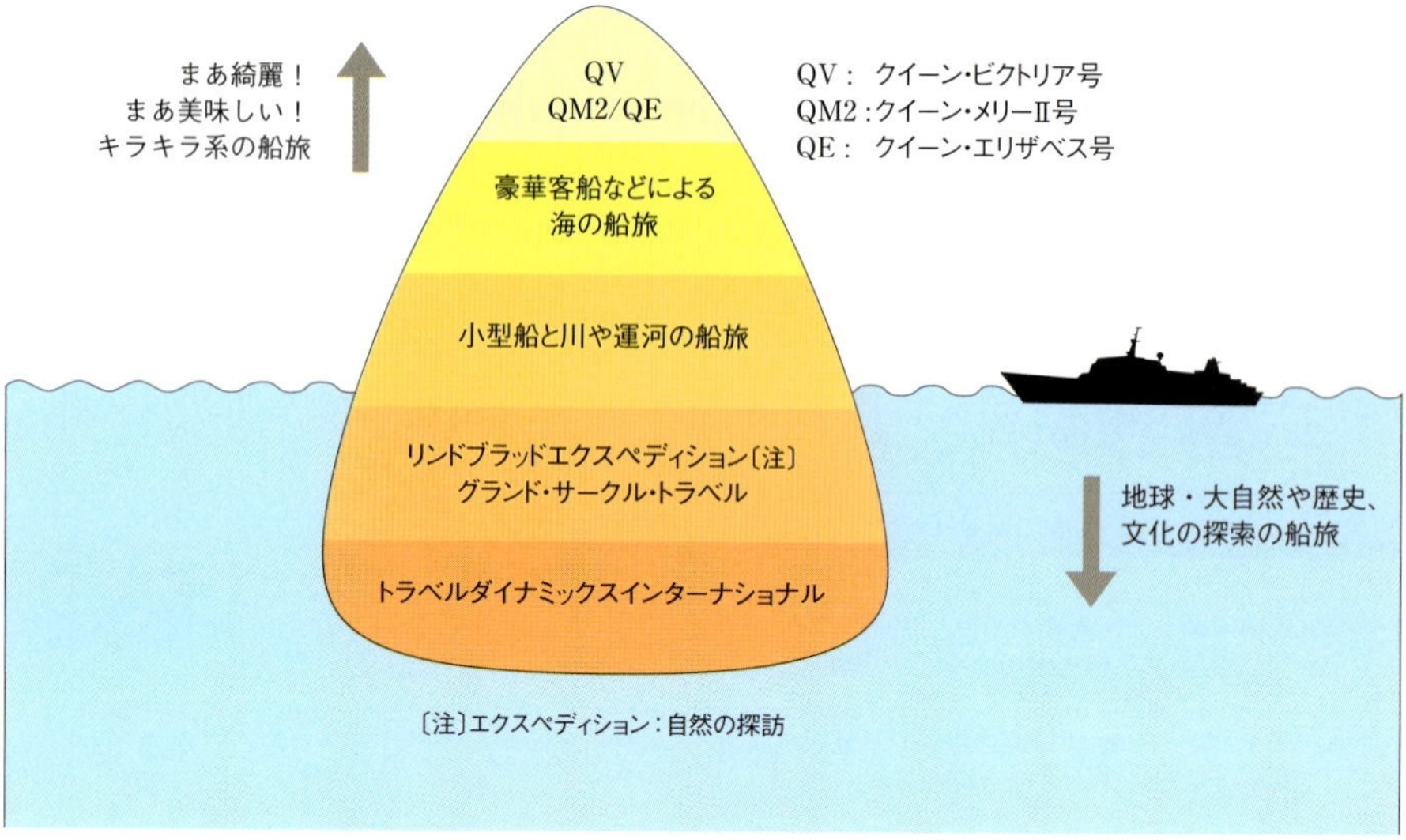

黒海沿岸のクルーズは、南から北に、多彩です。

イスタンブール…エキゾチックな街ですが、やはりキラキラ系
コンテッサの泥パック…ちょっと神秘的で、ミステリー系
ドナウデルタ…多数の野鳥が営巣する、地球エコ系
ヤルタ…もう二度と戦争はしませんと誓うヒストリック系
オデッサ…映画も文化の一部とするなら、これはカルチャー系

そうです、ここでは『戦艦ポチョムキン』！
黒海に行く前に、必ずこのDVDをレンタルして観ておきましょう。
よく予習してからポチョムキンの石段に立てば、誰だってジーンときますよ。

映画『戦艦ポチョムキン』は、かれこれ百年も前のロシア海軍（黒海艦隊？）の実話に基づいています。

◆制作　１９２５年ロシア。しかしロシアや各上映国の検閲でオリジナルフィルムはメタメタにカット。後世、気付いたときにはどれが原作かわからない状態に！

◆再制作　１９７６年にロシア映画関係者の尽力で各国に残存していたフィルムを持ち寄り再制作されました。この映画がフィルムのつなぎ合わせみたいに見えるのはそのためです。

◆音楽　再制作したときにショスタコーヴィチの交響曲からＢＧＭが付けられましたが、いかにも抜粋してきました、という感じがして…、全編を通して再制作作業は雑です。

◆再制作版がロシアの検閲をパスした理由　途中に「ユダヤ人を殺せ」というテロップが残されていますが、「他に百害あるシーンも見られるが、この一句に免じてパスさせてやるか」とのロシア当局の遠謀があったのかもしれません。

◆この映画の見所　ポチョムキンの長い石段を転げ落ちる乳母車のシーンや、パッ

パッと画面転換するモンタージュ映法だけではないと私は思うので、よくご覧になってください。ところで、私はこのモンタージュ映法を本書添付のDVDで使っていますが、これでチーム8ロス駐在員の検閲をパスできるか、ちょっと心配です。

◆戦艦ポチョムキンの生涯　実際の戦艦はロシア内戦期に英国軍によって破壊されました。反乱参加者には銃殺刑やシベリア送りなどの厳しい処分が科せられたものと想像できます。

クルーズ No.52

ドニエプル川から黒海への船旅

11泊　$2,088（泊単価$190）～ $4,188（$381）

日	港（船着場）／予定
1	キエフ港で乗船後、市内観光（港はメトロ駅から数百m）
2	キエフに停泊、市内観光
3～5	沿岸に寄港しながらドニエプル川をクルージング、黒海へ
6～7	セバストポリ（黒海・ウクライナ）
8～9	ヤルタ、9日目の午後出港
10～11	オデッサに停泊、観光
12	朝食後、下船

運航頻度：5～9月のシーズン中、月1回くらい催行

実施：バイキング社
クルーズ代理店：オーシャンドリーム（042-773-4037）

ロシア点描：
ポチョムキンの階段
オデッサの桟橋から市内に向かう階段。エイゼンシュテインの映画『戦艦ポチョムキン』の有名なシーンでよく知られている。（写真と文：石川）

ボスポラス海峡とダーダネルス海峡

クルーズ船が地中海方面から黒海に乗り入れるときには、ボスポラス海峡の手前にある狭いダーダネルス海峡を通りますが、このときの両岸の自然景観が素晴らしい。ご参考までに、サガ社がこの28泊クルーズのハイライトとして挙げているところをご紹介しましょう。

◆アテネの神殿
◆ダーダネルス海峡両岸の景観
◆オデッサ、ヤルタ、セバストポリの市内観光
◆イスタンブール市内の歴史探訪

現代のクルーズは海も川もオール・インクルーシブです。船内で食事を済ませて、船内に泊まります。市内のホテルは使いません。昔のクルーズ船のように乗客はイスタンブール市内にお金を落とさないのです。それればかりか、ゴミや汚水を残していくこともあります。それで市当局はクルーズ船からは相応の入港税を取り、海峡を通過するタンカーやボスポラス海峡鉄道トンネルを通過する貨車からは通行料を取ることがあります。あなたもクルーズ料金とは別にこの入港税を支払うことになります。

クルーズ No.53

黒海ラプソディー
ボスポラス海峡とダーダネルス海峡を通過

28泊$4,159～（泊単価$149～）
サザンプトン集合・解散

日	港（船着場）	着	発
1	サザンプトン（英国）で乗船	16:00	
3	ビーゴ（スペイン）	10:00	17:00
6	バレッタ（マルタ）	13:00	19:00
8	ピレウス（ギリシャ）	8:00	19:30
9	ダーダネルス海峡	—	—
10	ヴァルナ（ブルガリア）	8:00	17:00
11	コンスタンツァ（ルーマニア）	7:00	19:00
12	オデッサ（ウクライナ）	8:00	23:00
13	ヤルタ（ウクライナ）	12:00	23:00
14	セバストポリ（ウクライナ）	7:00	17:00
15	ソチ（ロシア）	12:00	20:00
17	イスタンブール	8:00	23:00
19	イラクリオン（ギリシャ）	8:00	17:00
22	マオー（スペイン）	12:00	18:00
25	リスボン（ポルトガル）	13:00	20:00
28	サザンプトン（英国）	6:00	朝食後、下船

運航頻度：年に1回程度

実施：SAGA社
クルーズ代理店：マーキュリートラベル（045-664-4268）

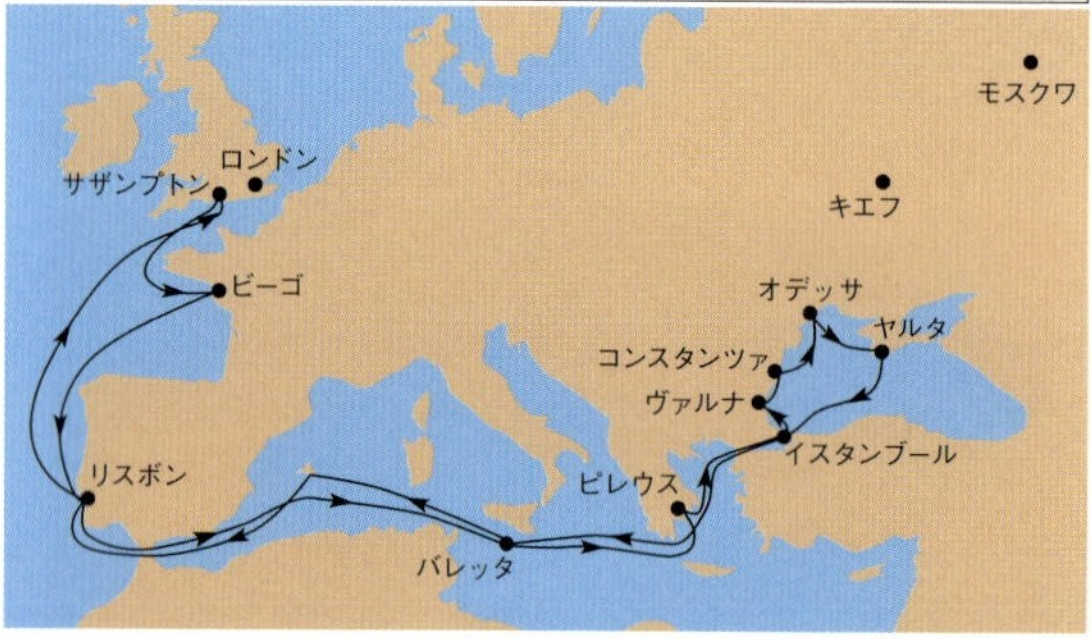

サガルビー号　24,492tons、191×25m、655／380名

リバークルーズの情報は、どこでどのようにして入手するのがいいか

日頃から、次のような「2強・3爵・2クラブ＋1ユーラシア」などに情報収集のアンテナを向けておきましょう。西洋では、毎年ニューイヤー・コンサートが終わると、「今年はどの音楽会と、どこの国のオペラを観て、夏休みはどこで過ごして、旅行はどこのクルーズにしようか」というように、エンターテイメントの年間計画を立てる家庭が多いので、ヨーロッパのリバークルーズの予約は早く入るのだと、オーストリアのルフトナー社長ご夫妻が来日されたときに、奥様から伺いました。

〈2強〉
・JTB系の2社と
・読売旅行のことです。

〈3爵〉
・ニッコウトラベル
・ワールド航空サービス
・グローバルユースビューロー
の中堅旅行社3社です。

〈2クラブ〉
・まんぼうくらぶ（クルーズネットワーク）
・ゆたか倶楽部
のことで、リバークルーズをあまり扱わないクラブツーリズムはここでは省きます。

〈1ユーラシア〉
・ユーラスツアーズ（旧日ソツーリストビューロー）です。

旅行社／団体名	電話	特徴	本書掲載例	自社の添乗員	情報誌	リバークルーズ説明会の開催
JTB首都圏ロイヤルロード銀座	03 3572-5892	①	83頁	×	海・川合同の季刊パンフ	銀座ほか各地営業所等で実施
JTB世界の旅情デスク（JTBメディアリテーリング）	03 6902-5500	②	83頁	×	たびものがたり（月刊）旅・情報	本社他で実施
読売旅行	03 5550-0700	⑨	—	◆	系列会社が月刊誌発行	目的別に本社ほかで開催
ワールド航空サービス	03 3501-4111	④	29頁	○	ワールド（月刊）	本・支店で開催
ニッコウトラベル	03 3276-0111	③	31頁	○	スカイニュース（月刊）	本・支店で開催
グローバルユースビューロー	03 3505-0055	⑤	27頁	○	季刊情報パンフ メールマガジン	本・支店で開催
ユーラスツアーズ	03 5562-3381	⑥	37頁	○	各ツアー別に作成	本・支店で個別面談
まんぼうくらぶ（クルーズネットワーク）	03 5623-0780	⑦	28頁	×	季ごとに各種パンフ配布	———
ゆたか倶楽部	03 5294-6261	⑧	18頁	×	月刊ボン・ボヤージ（要・年会費）	随時開催
ネバーランドピープル	03 3265-2488	⑩	26頁	×	会員登録（無料）で海外クルーズ情報メール随時送付	———

もしあなたが日本人添乗員付きの団体旅行を選ぶのなら、これらの旅行社が主催するパッケージ・リバークルーズを探すのがよいでしょう。旅行社が海外のリバークルーズを取り入れたパックツアーを実施するときには、自社の日本人添乗員を付けるのが普通です。

◆その水域で経験を積んだ学芸員並みの添乗員が同行。外国では、コーディネーターと呼ぶこともあります。

特徴
①銀座にある豪華なカーペット敷きのロビーには、パンフやスタッフが完備。電話でアポを取ってから行かれるといいでしょう。
②独自のパッケージ・クルーズを通信販売するJTBの一部門。月刊誌は無料で、国内・海外のバス・鉄道・空・海の旅情報が満載。
③本社の旅・企画担当が添乗員として必ず同行。ヨーロッパ水路で自社船を持ち、浴槽付きのゆったり度充分のクルーズを実施。
④自社企画の珍しいリバークルーズも実施。自社の企画担当が添乗員として必ず同行。充実ツアーを安い価格で提供するのが特徴。
⑤ガラパゴス諸島や南極旅行など、音楽・自然・エコクルーズの開催に定評がある。自社の企画担当者が添乗員として同行する。
⑥ロシア語科出身者が、親切にあなたの相談相手に。ロシアや東欧、ユーラシア方面の個人企画旅行やロシア語留学にたいへん強い。
⑦どのリバークルーズも扱い、会員割引もある。大阪～上海の国際フェリーの代理店。海外船割安クルーズをネット上に掲載。
⑧各種リバークルーズを企画する。とくにヨーロッパ大陸グランドクルーズは定番化しており、毎回早期に完売。
⑨ここの南極旅行は定番化している。とくに南極旅行のスペシャリスト、真理子穂坂リンドブラッドさんがレクチュアラー同行することがあるのも魅力。
⑩海外の旅行代理店とのパイプがあり、旅行者が代理店を見つけられないときや、洋上での人工透析の手配なども頼める。

世界のリバークルーズの花形的水路 ライン‐ドナウ川水系

１９９２年９月に、ライン‐マイン‐ドナウ運河の工事が完了。北海からドナウデルタの手前まで水路は完成しましたが、ドナウデルタが邪魔をして、まだ黒海に抜けられません。

18頁のクルーズ№1の黒海から北海までの約25日のクルーズが、現在のところ世界でいちばん長いリバークルーズです。

次に長いのは北米・カナダ水域の14泊（約７６００ドル～、ケベックシティ～セントローレンス川～五大湖～シカゴ）のリバークルーズです。

ドナウデルタと野鳥

ドナウデルタはブルガリア領の、広大な三角州で（19頁の地図に青字表示）、いまも上流からの土砂流入と堆積が続いています。このデルタにはヨーロッパ・アジア・ロシアの各大陸に生息する無数の渡り鳥が、仲良く季間差営巣しています。

ここまで来るとドナウ川の水深は浅くなり、大水が出る度に流れの位置が変わるので、デルタ部分の海図や水路図は事実上作成できず、いまのところ、ロングシップはドナウデルタには乗り入れません。そこに生活する漁師や地域フェリーの船員は、ほとんど私製の海図や水路図に頼って航海しているのが実情です。

私は以前、ドナウデルタの辺りに船で釣りに出掛けたことがありますが、船のエンジン音に驚いて一斉に空に舞い上がったペリカンの数の多さに驚いたことをいまでもよく覚えています。帰国後しばらくして、私の誕生日に倅がさだまさしさんの『風に立つライオン』の入ったCDをプレゼントしてくれました。

♪ 風に立つライオン♪
作詞：さだまさし

…ビクトリア湖の朝焼け
100 万羽のフラミンゴが
一斉に翔び発つ時
暗くなる空や
キリマンジャロの白い雪…

JASRAC 出 1215729-201

私はこの歌を聞いて、ああ、さだまさしさんは本当にビクトリア湖に行ったんだ、と直感しました。一斉に飛び立つときに暗くなるというのは、実際にそこに行った人でないと言えない句です。ドナウデルタにはヨーロッパ・ペリカンの他に

- とき（絶滅間際という意味か、地元では last ibises と呼ぶ）
- 鷲（eagle）
- こうのとり（stork）

など２５０種もの鳥が交流する野鳥の宝庫なので、世界的にもバードウオッチャーの注目を集めています。

ドナウデルタへのクルーズ

何度もお話ししたとおり、ドナウデルタの中に乗り入れるリバークルーズは最近はほとんどありませんが、地方区のアローザ社（ドイツ）とルフトナー社（オーストリア）の船がドナウデルタの極く近くまで、ガイドやガードマン付きで連れて行ってくれます。日本人観光客を大歓迎のルフトナー社は、クルーズ№57（74頁）のようにクルーズ船を降りて、ドナウ川のキロポストまで案内してくれます。このようなエクスカーションツアー以外の、個人レベルでのこの辺りへの観光は、まだ観光インフラが未整

備ですから、私は絶対にお勧めしません。

黒海とウクライナ／ロシアのロングシップ

同じロングシップでも、ヨーロッパのはせいぜい3階構造。ウクライナやロシアの船は6階建てです。これはロシアの水路では海のように大きな湖を通り抜けることが多く、またドニエプル川では船がそのまま黒海に出て沿岸を海の船に交じって航行するので、安全かつ快適に航行できるように背が高く造られているのです。ドニエプル川には旧ソ連時代の黒海艦隊の基地があるので、そこのデルタは浚渫されていて船の航路が確保されており、リバーシップは自由に黒海に出られます。しかしドン川（ボルガ川と短い運河で接続）の下流はドナウ川と同様に浚渫されていないので、いまはこの両川から黒海に出るクルーズはありません。

ロシアのドナウデルタの浚渫に期待

黒海水域にはヤルタなど秘境的観光スポットが多数あります。また沿岸には未開発の石油埋蔵地が多く、ロシアは黒海沿岸までパイプラインを敷設して、そこから先は①**水路対応のオイルロングシップ**でドナウ川経由で運ぶか、あるいは②2013年に完成するボスポラス海峡海底鉄道トンネル経由の原油タンク貨車で西側国へ輸出したいようです。

すでにトビリシ付近の油田（グルジア）からの出荷態勢は整ったとナショナルジオグラフィック誌は報じています（45頁地図参照）。この①を実現するためにはロシアはドナウデルタの浚渫をする必要があり、そうなるとドナウ川方面からのリバーシップはドナウデルタに乗り入れできるようになり、野鳥観察ツアーが実現します。これまではウィーン以外に人気スポットが乏しかったドナウ川の中・下流水域にスポットライトが当たることになります。

クルーズ No.54

ドニエプル川から黒海経由ドナウデルタへ

10泊　価格は発表されず

日	港（船着場）／予定
1	キエフで乗船、停泊
2	船内で朝食後、キエフ市内観光
3	修道院や洞窟墓地見学後、出港
4～5	寄港しながらドニエプル川クルージング
6	ザポロジェ、コサック歴史博物館見学
7	ヘルソン、小舟でドニエプル川口へ
8	セバストポリ、市内観光
9	ヤルタ観光
10	オデッサ観光
11	ドナウデルタ乗り入れ＊トゥルチャで下船、バスでブカレストへ、市内観光後解散

実施：オーソドックス社
対象はロシア／ユーラシア地域の旅行者なので船内はロシア語。相談はユーラスツアーズ(03-5562-3381)

＊ドナウデルタ乗り入れは流動的(75頁)

ヨーロパ大陸周辺を往くクルーズ船

ここの川や運河には、２つのタイプの船が運航しています。はなはだ個性的な形をしたロングシップと、ボートです。ボートにはバージとナローボート（カナルボート）があります。

ロングシップは、19頁の地図に太く描かれた川や運河、湖（これにロックやリフト、インクラインなども含めて「水路」と呼びます）を運航します。ホテルバージやホテルナローボートは水上ホテル仕様になっていて、ロングシップと同様に船長さんや船員さんが乗り込み、操船や食事など一切の面倒をみてくれて、数日掛けて水辺を巡ります。

このように、ヨーロッパでは池の手漕ぎボートと区別するために、この種のボートには「ホテル」を付けるのが普通ですが、中にはフローティングホテルと呼ぶ人もいます。

ホテルボートは、フランス、イタリアや英国水域の、ロングシップでは行けないような細い水路を航行します。英国で水路を維持・管理する英国水路公社（ブリティッシュ・ウォーターウェイズ）の規定では、英国の水路やロックは船幅２・１ｍ、船長21ｍここのボートが通過できればよいことになっています。そんな細かい水路までこの本の地図にはとても描ききれませんから、各水域ごとの解説のところに、それら細かい水路はご案内しています。

これらの水路は昔は人や物資輸送の幹線でしたが、近年その役割りの多くを鉄道や自動車に譲りました。しかし、１９８３～８５年頃を底にして、水路が見なおされ復活する兆し〔注１〕が世界的に顕著になってきました。その復活の原動力となったのは

①広義の観光、ウォーターフロント（水辺の景観）への一般国民の再評価
②その観光は一国の新しい産業にまで発展するのではという国の期待
③飛行機に代わるクリーンエネルギーでの運輸を実現したいという世界的な要請

つまり水路で世界中に旅できれば、飛行機の排ガスによる地球の汚染も改善し、人の知的好奇心（観光）も満たされ、世界的規模での人的交流も加速される〔注２〕などといった期待にも背を押されて、世界の水路は復活しつつあります。長野博士ら日本の識者は、水辺への関心が低いのは日本だけではないか、と嘆いておられます〔注３〕。

〔注１〕徳仁親王『テムズとともに―英国の二年間―』（１９０頁）、１９９３、学習院教養新書
〔注２〕ピースボート編『こんなに素敵なピースボート！』（17頁）、ＫＴＣ中央出版
〔注３〕エコ・クルージング研究会「癒しと感動の水世界」（第１回～第４回報告集）、２００３

ロングシップの例

アマデウス・
ブリリアント号
運航水域：ヨーロッパ、
　　　　　オランダ、
　　　　　フランス
長さ×幅：110×11.4m
4階構造（1,556tons）
乗客/乗員：134/40名
泊単価：約€130 ～

ホテルボートの例

ホテルバージ
マグナカルタ号
運航水域：フランス、
　　　　　イタリア、
　　　　　英国の一部
船内：豪華な山荘風
35.5×4.9m
2階構造
8／4名
泊単価：約€300 ～

ホテルナローボート
オーク＆アッシュ号
運航水域：英国
船内：キャンピング
　　　ロッジ風
21×2.1m
2隻連結運航
1階構造
6 ～ 8／3名
泊単価：約£100

シーボーン社のクルーズを
ワールド航空がパッケージ化

シーボーン・クルーズは、海の小型船部門でトラベラー誌の読者が選んだナンバーワンの船会社です（８頁）。この会社のオデッセイ号は、乗客４６２人に対して乗員は３００人、乗員１人が担当する乗客は１・５人。これに対して最大級クルーズ船のオアシスクラスの船は、乗客５４００人に対して乗員２１６５人で、乗員１人当たりの乗客数は２・５人。小型船では乗員の顔が見える、と言われる所以です。ロングシップの場合には、客室の朝のサービス担当が夜のディナーでは給仕役に回っていて、「あらまあ」というようなことも珍しくありません。とくにヨーロッパのリバークルーズの乗員は男女とも溌剌として、しかも品格もある東欧出身の若い乗員がほとんどです。ロングシップやこのシーボーン・オデッセイでも、船内の雰囲気は品格があり、しかもフレンドリー。これは日本人クルーズ客の波長に合っているようです。

ドナウデルタ風景１　（Photo：Lüftner）

どこの河口の三角州にも葦が群生し生活排水を浄化しています。

クルーズ No.55

イスタンブールからボスポラス海峡を往復航行し、黒海沿岸を周遊

11泊（船内7泊）698,000円～　成田からの交通費共
イスタンブールでのホテル2泊・市内観光（1回）を含む

日	港（船着場）／予定
1	成田発12:30、ミュンヘン経由
2	イスタンブール着12:10、17:00出港、ボスポラス海峡を北上
3	ネセバル（ブルガリア）8:00着、18:00発
4	コンスタンツァ（ルーマニア）7:00着、17:00発
5	オデッサ（ウクライナ）8:00着、15:00発
6	ヤルタ（ウクライナ）8:00着、18:00発
7	シノップ（トルコ）7:00着、15:00発
8	イスタンブール（トルコ）13:00着、市内観光、船内泊
9	イスタンブール、朝下船、市内観光、ホテル泊
10	イスタンブール、終日自由行動、ホテル泊
11	イスタンブール、13:00発
12	成田10:10着、解散

催行頻度：年に1、2回

実施旅行会社：ワールド航空サービス（03-3501-4111）

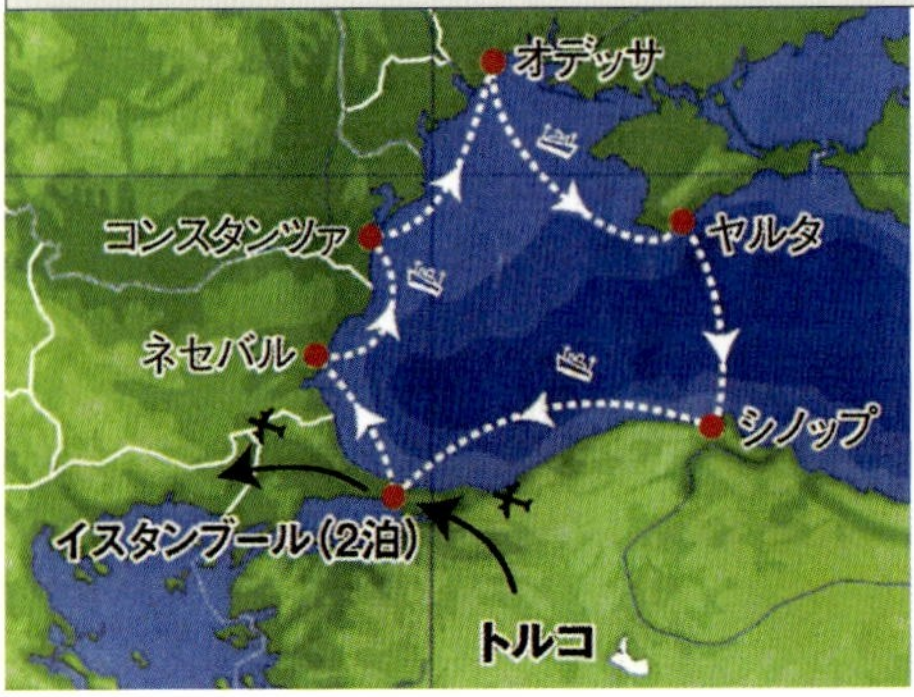

あのクイーン・エリザベス（QE）も黒海に乗り入れ

イスタンブールに一晩停泊してボスポラス海峡から黒海へ

17泊（機中2泊＋ホテル3泊＋QE12泊、成田前泊を含む）
QEブリタニアクラス（キャビン約23㎡）　1,100,000円
プリンセス・スイート（約34㎡）　1,400,000円
クイーンズ・スイート（約50㎡）　1,500,000円
上記料金にはビジネスクラス飛行機代や基本観光費用を含む

この船旅の特徴：ギリシャクルーズと観光、イスタンブール・ボスポラス海峡観光、黒海沿岸クルーズの3つがQEで満喫できます

日	港（船着場）／予定
1	前日、成田空港付近のホテルに集合、ホテル前泊
2	午前中に成田出発
3	ヴェネツィア、観光後QEに乗船、21:00出港
4	終日航海、アドリア海、エーゲ海をクルーズ
5	カタコロン8:00着、16:30出港
6	ミコノス島8:00着、17:00出港
7	イスタンブール13:30着、イスタンブール観光、QEに泊まる
8	イスタンブール観光、13:30出港
9	ヤルタ8:00着、17:30出港
10	オデッサ8:00着、16:30出港
11	セネバル9:00着、17:30出港
12	終日航海、黒海からボスポラス海峡経由でエーゲ海へ
13	クサダシ8:00着、17:30出港
14	サントリーニ島8:00着、17:30出港
15	ピレウス6:00着、下船後アテネ観光、ホテル泊
16	アテネ、午前中に飛行機で出発
17	午前中に成田着、解散

キュナード社としての船の運航頻度：年に1、2回程度

上記旅行の催行：ニッコウトラベル（03-3276-0111）
クルーズ代理店：クルーズバケーション（03-3573-3601）

クイーン・エリザベス号　92,000tons　定員2,092人

クイーン・エリザベス号の黒海乗り入れ

２０１２年に、あのクイーン・エリザベス号が黒海に初めて乗り入れました。ニッコウトラベルは、これに自社員・添乗員を付けて左のようなパッケージ・ツアーに仕立てました。クルーズ代理店の広報担当の方に確かめたところ、イスタンブールで接岸・停泊するのはベクタシュ付近（48頁・地図参照）だそうです。

このクルーズの目玉の一つは、昼間（13時）イスタンブールに入港し、その晩は停泊（洋上ホテル）、翌日の昼（13時30分）に出港するので、昼間のボスポラス海峡を往復2回も観光航海できることです。それと、マルマラ海（地中海側）の箱庭のような島影や、チャナッカレ海峡の両岸の自然も、日本人旅行者には好評です。

ここを昼間に航行するか否かは黒海への船旅の重要なポイントです。

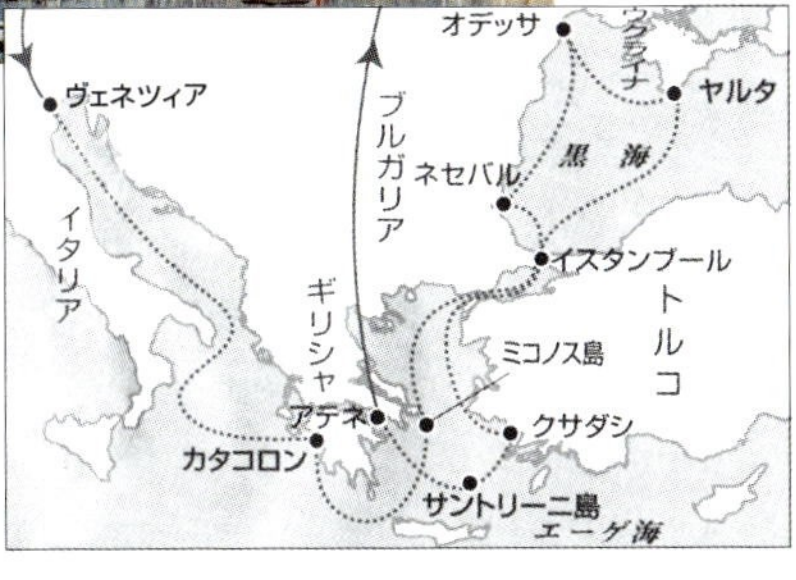

（Photo：Lüftner）

ドナウデルタ風景２

世界遺産に指定された頃から
リバーシップはドナウデルタに立ち入らなくなりました。
それで、ここを訪れる人はいまも稀で
自然は以前のままにしっかり保たれています。

この、一見、皮肉とも思える自然保護のやり方こそ世界遺産だ、という人もいます。

もしあなたが幸運にも、ドナウデルタで小さな遊覧船に乗る機会に恵まれたら
その船は上流からエンジンを止めて
川の流れに身をまかせて鳥の近くまで行ってくれます。

ドイツ地方区のアローザ社には
いまもドナウデルタ探訪の16泊クルーズがあるのですが…。

ドナウデルタ風景 3

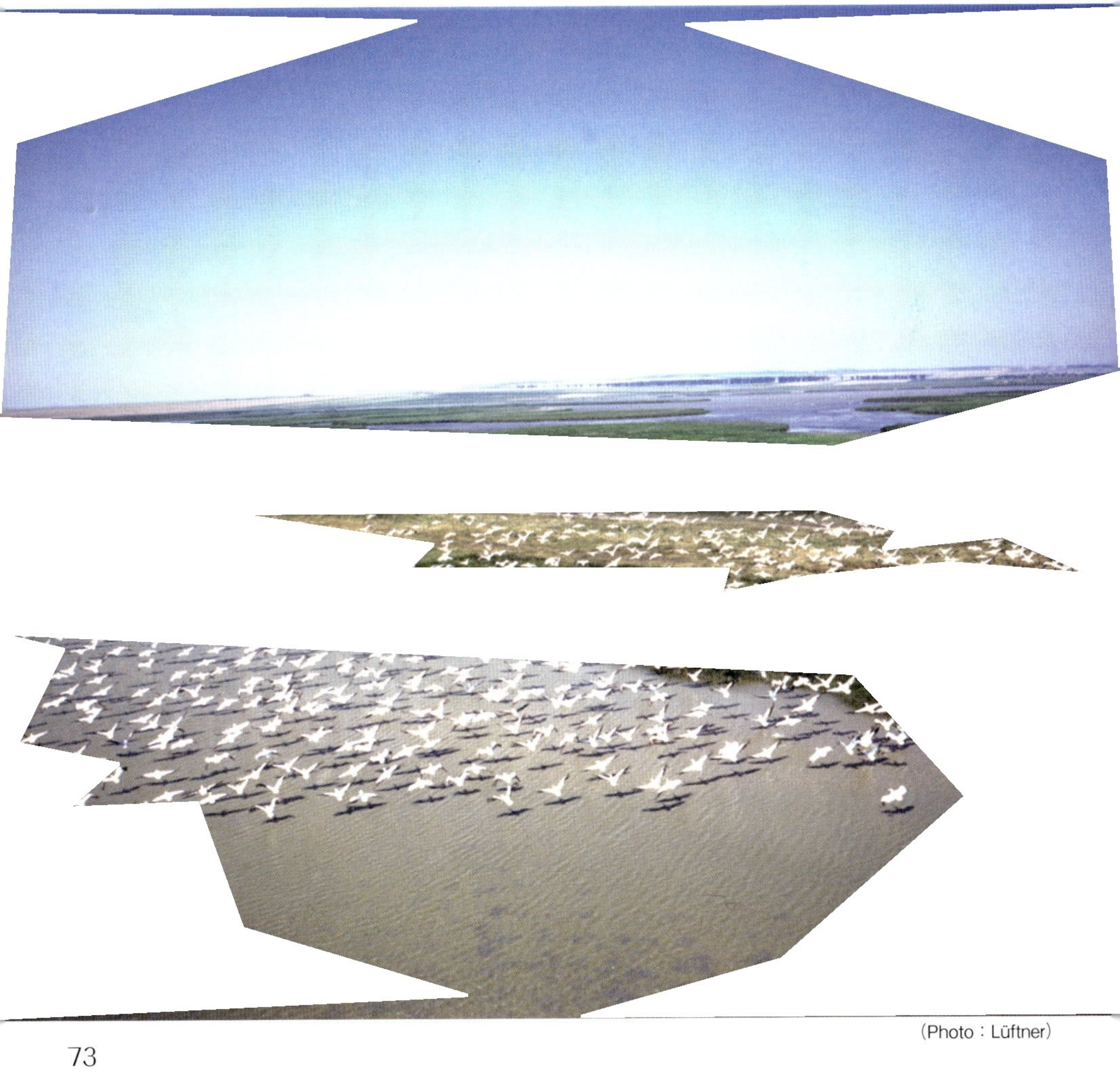

(Photo：Lüftner)

ライン－ドナウ川のリバークルーズで、帰港地・出発港が同じなのは珍しいのですが、アマデウス社のクルーズには時々それがあります。これは日本から飛行機で出発港まで行く人にとっては、往復の割安チケットが使えて便利です。

ドナウデルタ風景４ (Photo：Lüftner)
コンスタンツァの泥パックの原料をせっせと落としている水鳥

人気のコンスタンツァの泥パック

すでにお話ししたように、ドナウデルタには250種類以上もの野鳥が生息しており、その落とし物はかなりの量になります。デルタの川底に沈殿したその落とし物と、麗しのウィーン方面から流れ着いた泥とをよく混ぜて、泥パック商品に仕上げたのがこれです。鳥の落とし物は乾くと強い粘着力を発揮します。自動車のフロントガラスにこびり付いてしまうと取るのに一苦労ですよね。そこで、ルーマニアの美容師さんは考えたのです。それを川底の泥とよく混ぜて泥パックにしてから肌に塗り、乾燥するのを待って剥がすと、肌の汚れをしっかりくっつけて取ってくれるのではと。いま

クルーズ No.57

ドナウ川・ウィーンやドナウデルタへの船旅

14泊€2,058～（泊単価€147～）
パッサウ（ドイツ）出発・帰港　クルーズ料金のみ

日	港（船着場）／予定
1	パッサウ（ドイツ）　乗船、船内で歓迎カクテルと夕食
2	ウィーン（オーストリア）市内観光
3	エステルゴム（ハンガリー）
	ブダペスト（ハンガリー）市内観光
4	ヴコヴァル（クロアチア）近郊観光
5	ベオグラード（セビリア）市内／近郊観光
6	鉄門峡谷クルーズ
7	スビストフ（ブルガリア）近郊案内
	ジュルジュ（ルーマニア）、このクルーズの折り返し港、ここで一時下船
8	ドナウデルタ（ルーマニア）、セントジョジス湿原やドナウ川ゼロ標識見学の船旅
9	チチュ（ルーマニア）、ブカレスト市内見学
10	鉄門渓谷クルーズ
11	ベオグラード（セビリア）、5日目に行かなかった近郊見学
12	モハクス（ハンガリー）近郊観光
13	コマールノ（スロバキア）
	ブラチスラヴァ（スロバキア）、船内で船長招待ガラ・ディナーと観劇
14	デュールンシュタイン（オーストリア）、ワイン試飲エクスカーション
15	パッサウ（ドイツ）、下船

運航頻度：4～10月に6回程度

実施：ルフトナークルーズ　　クルーズ代理店：ICM（03-5405-9213）

MS アマデウス・ロイヤル号（長さ 110×幅 11.4×水上高 5.85m、68 室）

人気のこの泥パック・ツアー〔注〕では、パックを2回やってくれます。

まず1回目で肌表面の大きいゴミを、2回目は深い皺の奥に残っているしつこいゴミを取ってくれます。家でじっくりとやりたいと、泥パックをテイクアウトするためにはるばる英国方面からやって来る人も多いので、サガルビー号はサザンプトンを出港してから地中海、ボスポラス海峡を抜けて黒海に乗り入れ、はるばるコンスタンツァに来ますが、詳しくは64頁の旅程表をご覧ください。

〔注〕これは週末に往復とも飛行機利用

Ports of Call　ドナウデルタ　Donau Delta

港（船着場）はどこにあるのか

ここは四国よりやや小さい、まだ天地創造の時代が続いている三角州で、大水の度に川の流れの位置は変わります。海図や水路図はないも同然です。それでロングシップはここに寄りつかないので、ドナウデルタには漁港程度の港しかありません。下の地図は、私が最新の情報に基づいて描いた乾期のものです。春の雪解け時には川は増水してデルタ部の流れが3つに分かれることもあるようです。船が川の浅瀬で座礁したりすると責任問題になるので、どの船長さんもドナウデルタの河口から5百キロも上流にある人気都市の一つブカレスト（ルーマニア）に近い、ドナウ川添いのオルテニツァ、ジュルジュ、ルセなどの街の船着場まで来て、ここから上流に引き返すのが普通です。アローザ社というドイツ地方区のロングシップだけは、河口近くのビルコボまで降りて来ますが（2011年現在）、ドイツ語圏のお客だけを想定しているようで、米国人も日本人客も、いまのところ乗船は難しいようです。

ドナウデルタ　約1万1800㎢〔注〕
四国（本土）　約1万8300㎢

〔注〕ドナウデルタは全ルーマニア国土の5％と推定

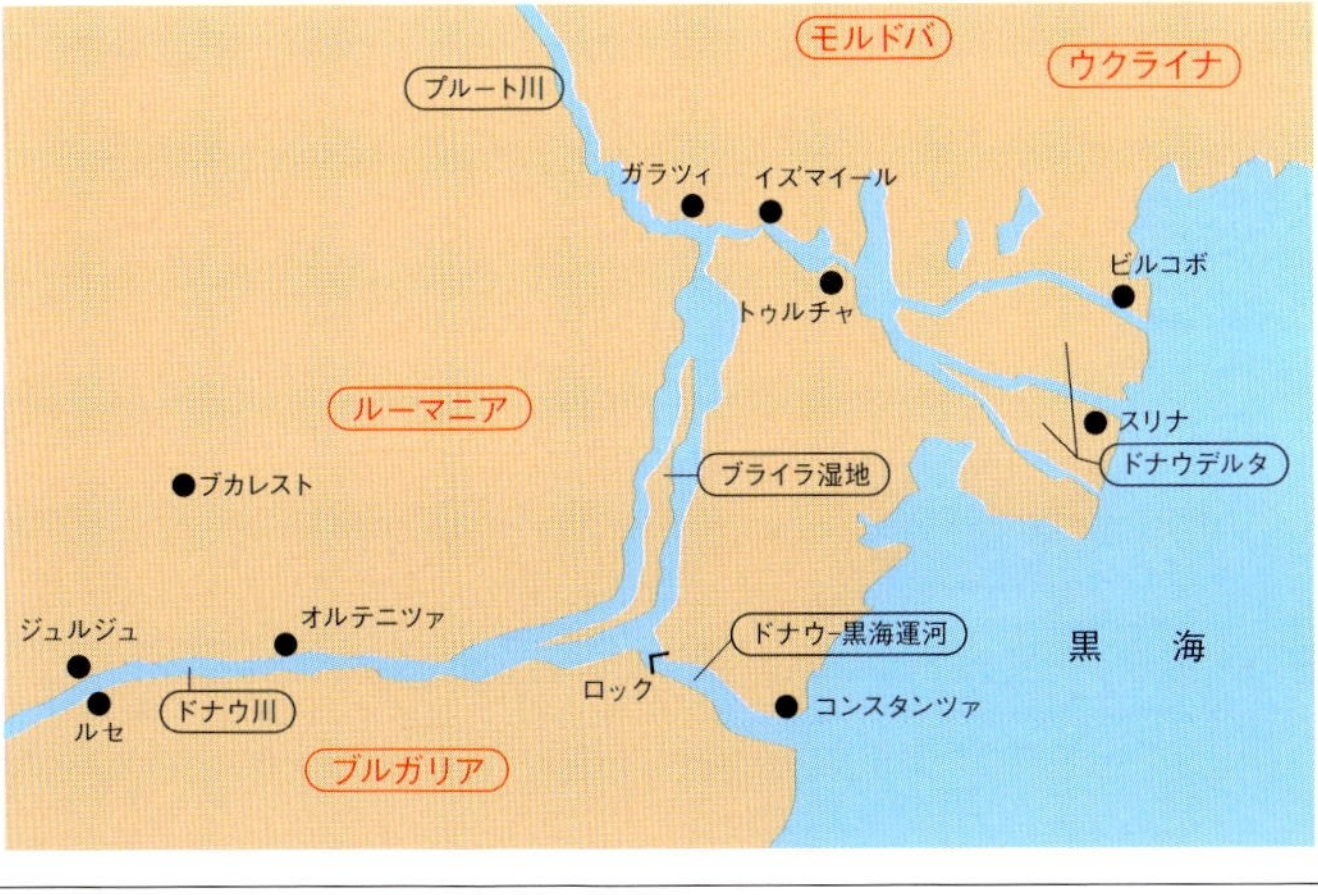

ドナウデルタ付近の地図
（著者・責任制作）

デルタ付近は水深が浅いので、ドナウ－黒海運河を造りましたが、これまた川砂が溜まって浅くなり、リバーシップはここも通れません。

一本のレールで結ばれる欧州とアジア

１８６０年頃のオスマントルコ時代に、このボスポラス海峡横断鉄道トンネル設計図は描かれたそうです。それは日本では浦賀に最初の黒船が来航した頃で、私の本にこの後で度々登場する田邊朔郎（琵琶湖疏水や京都インクラインを設計・建設）や白瀬矗（南極を探検）もその頃に誕生しました。さてこの欧－亜直結鉄道工事を受注したのは、日本の大成建設を中核とするＪＶ（共同企業体）です。トルコ共和国は地震が多く、そこの海底60メートルにトンネルを敷設するのは世界に例のない難工事でした。大成建設は沈埋工法〔注〕を中心とする独創的な工法で、２００４年に着工し、２０１１年にトンネルが貫通、直ちにレール敷設工事が始まり、２０１３年10月には直通鉄道が走る予定です。エルドアン首相（写真中央）はトンネル貫通式典で「１５３年ぶりにトルコ国民の夢は実現される」と祝賀スピーチされました。

〔注〕地上で造ったトンネルブロックを海峡に沈めて接続する工法

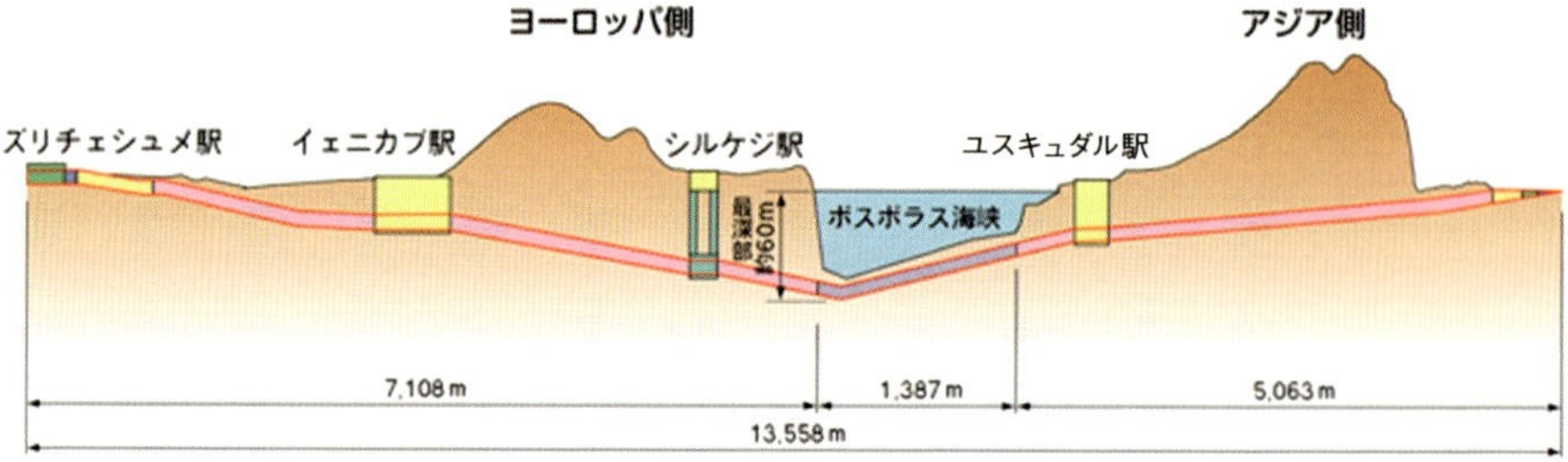

（写真提供：大成建設㈱広報室）

ボスポラス海峡横断・鉄道トンネル建設工事の貫通記念セレモニーで、
手を上げて祝福するトルコ共和国エルドアン首相（写真中央、2011年2月26日）。
当日、同首相らの政府要人・関係者はヨーロッパ側から貫通した海底トンネルを通って
アジア側への渡り初めをして、このセレモニーに出席しました。
ボスポラス海峡には25年以上も前に建設された2本の有料・自動車専用道路がありますが、日中は大渋滞。
歩行者は連絡船（海峡フェリー）に頼っていました。
この海底鉄道トンネルの発注者はもちろんトルコ政府、資金はJICA（国際協力機構）が調達して、
大成建設㈱を中心とするジョイント・ベンチャーが施工しました。
これでまた、トルコと日本の絆が深まりました。

ロシアは欧－亜直結鉄道で石油輸送

この鉄道トンネルの工事が進んでいる最中に、グルジアのトビリシ付近で大油田が発見されました。そこはロシアやイランに隣接していて、日本企業も参入。ロシアはグルジアにすり寄っています。トビリシからはすでに一本の石油パイプが黒海沿岸まで敷設され、もう一本はトルコ南部の地中海沿岸にまで敷設が完了。トルコ沿岸のパイプからの石油は、タンカーでボスポラス海峡などを経て西側市場へ。これでは海峡などがますます混みます。それで、ロシアが狙っているのは、黒海沿岸で油槽船（タンク貨車１００両分に相等！）に積み込んでドナウ川⇒ライン川などのルートで直接西側市場に輸送する案です。すでにライン川でその油槽船を見かけます。そのときに、ドナウデルタとドナウ－黒海運河のどちらを経由してドナウ川に入るのかが問題です。世界の石油は最短で30年、楽観的に見ても50年で枯渇します〔注〕が、それまでは石油を巡っての大紛争は必至。よってここのクルーズには注意が肝要です。

〔注〕ＢＰ統計、第16回世界石油会議・資料より

⑥ 長江

長江の三峡ダムくぐりの船旅

現在のところ、日本からいちばん近いリバークルーズですが、日本人の多くはその本当の姿を知らないので、例によってそのあたりのお話から始めましょう。

◆長江のクルーズ船　海に就航する小型船とそう変わりません。写真のような5～6階構造で、乗客定員は約２５０人。このルーツは85頁に記しました。乗組員はシェフも客室服務員も全員が若い中国人で、船内料理は西洋風中華料理が中心。船内用語は英語です。中国人の乗客はおられません。

◆長江のクルーズ会社　ほとんどが中国資本のクルーズ会社で、北京五輪や上海万博の時期に合わせて雨後の筍のように誕生した会社も多いので要注意です。

◆船長主催のウエルカムパーティーでも、服装はスマートカジュアルで充分です。

◆想定旅行客　米国またはその周辺国からの旅行者に焦点を絞っています。中国人や日本人は完全に想定外です。これをパックツアーにした日本の旅行社は、日本人受けする観光地への寄港地ツアー（エクスカーションツアー）を組んで、それを補うのが普通です。（83頁クルーズNo.59参照）

◆クルーズ泊単価　約２００ドルから。中華料理はいくらでも安く（肉抜きの野菜料理など）提供できますから、クルーズ価格もピン・キリです。日本人カリスマ添乗員などは、そんなとき「今日はみなさまのために、特製ベジタブル料理をご用意しました」と胸を張ります。

◆世界区のクルーズ会社の長江クルーズ　世界区のクルーズ会社は、ここの地方区の船を長期傭船して、あたかも自社船のようにパンフにも載せて運航しているのが普通です。高い飛行機代を払ってはるばる中国に来るのですから、多くのツアーは、長江クルーズの前後に北京や万里の長城、西安の兵馬俑、西蔵などに足を伸ばします。これを日本人の個人企画旅行者が利用するときには、ツアー抜きで、上海か重慶の指定ホテルで現地合流するのが普通ですが、詳しくはクルーズ代理店にお尋ねください。

◆地方区の船でのクルーズ　日本の旅行社は、10〜20人分の客室を地方区のクルーズ会社から提供してもらい、自社の添乗員を付けたパックツアーを実施しています。

◆長江クルーズのコース　上海〜三峡ダム〜重慶がここのグランドクルーズ（約7泊）ですが、それでは長いという人には見所の三峡に絞った3〜5泊コースもあります。この後でモデルコースを紹介します。

◆重慶までのアクセス　上海〜重慶間は中国鉄道が便利です。長江沿いに重慶まで鉄道は走っていませんから、三角形の二辺を走る形になります。例の事故を起こした高速鉄道と同型車が10時間くらいで結んでいます。

米国からの乗客が多く、船内・外の景勝案内も英語です

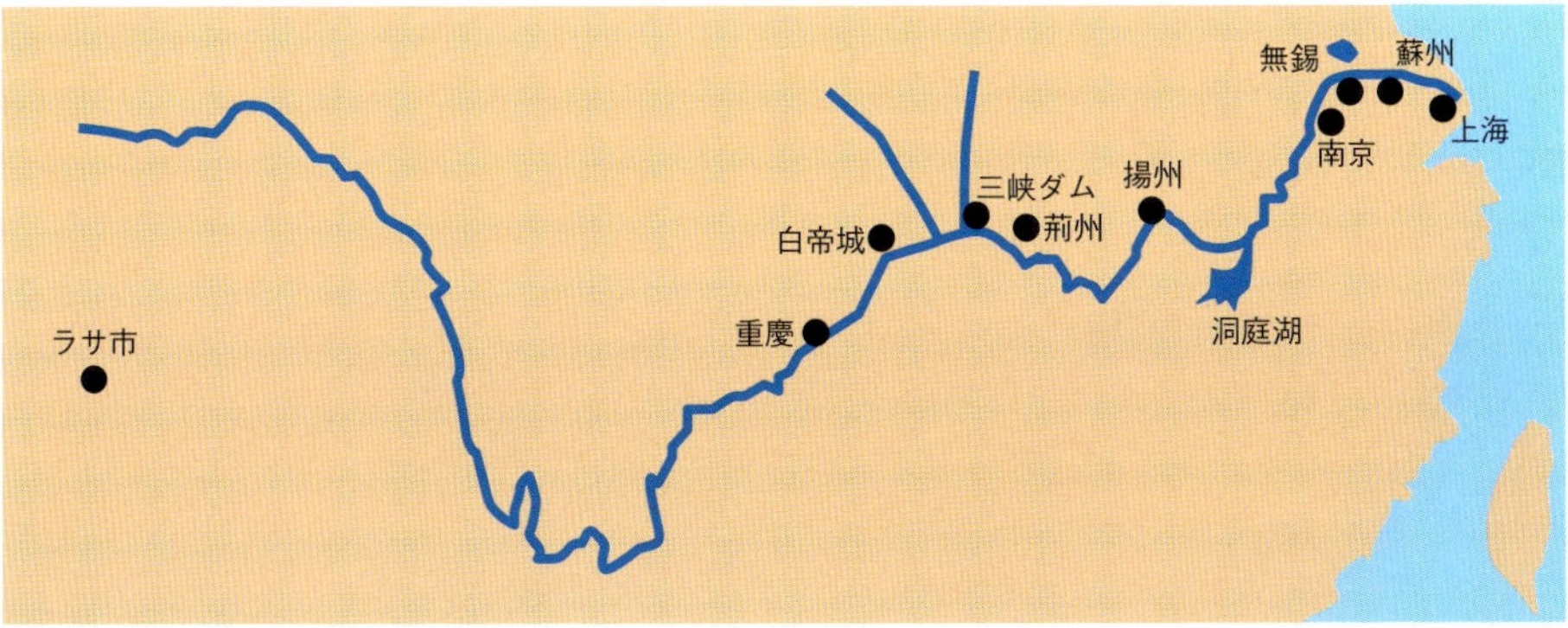

水路でのトリック（その2）

傾斜船路・インクライン

船を斜面に沿って引っ張り上げるのが傾斜船路（インクライン）です。引っ張る力としては、田邊朔郎（1861〜1944）は明治初期、京都・蹴上のインクライン建設に当たり、当初は水車の利用を考えましたが、米国視察後、いったん水力発電しその電気でモーターを回して鴨川からの船を琵琶湖の水面あたりの高さまで引き上げる案に変更して見事に完成させました。

京都・蹴上インクライン

モウチャンク・サミットヒル
＆スイッチバック鉄道

水がいっぱい入った大水槽に50トンの船を浮かべると、50トン分の水が溢れ出ますが、水槽全体の重さは船の入る前と変わりません。ご存知パスカルの原理です。この水槽をつるべ式に使うと、摩擦で失われるごくわずかなエネルギーを補うだけで水槽を上下できます。「枠（台車）に船を乗せて引き上げたほうが軽いのでは」と思われるかも知れませんが、実は水槽方式の方が消費エネルギーが少ないのです。2009年にフランスのミディ運河・フォンセランヌで、片方の水槽を同じ重さの重りに置き換えて船路を片道一本にしたインクラインが建設されました。それは建設時の消費エネルギーも後の運用エネルギーも共に最小にした最新の省エネ・インクラインです。108頁に紹介したクルーズはそこを通過しますのでお楽しみに。なおここには名物の7段連続ロックも併設されています。

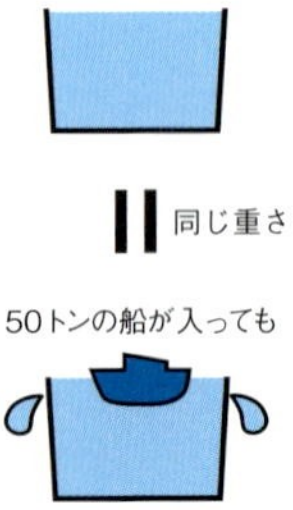

最新式のインクラインを壁のように立てたのが「究極の省エネ水路エレベーター」です。これは長江・三峡ダムにある5段ロックの横に併設されていて、地元の漁船や物資を輸送する小舟が数隻一緒に水槽に入り、無料で利用できます。三峡ダムはドイツなど先進国の技術を参考にして、最終的には中国独自の技術で建設した、世界最高水準のロックと水路エレベーターです。このようなロックやインクラインの知識があると、あなたのリバークルーズの楽しみはますます大きくなります。

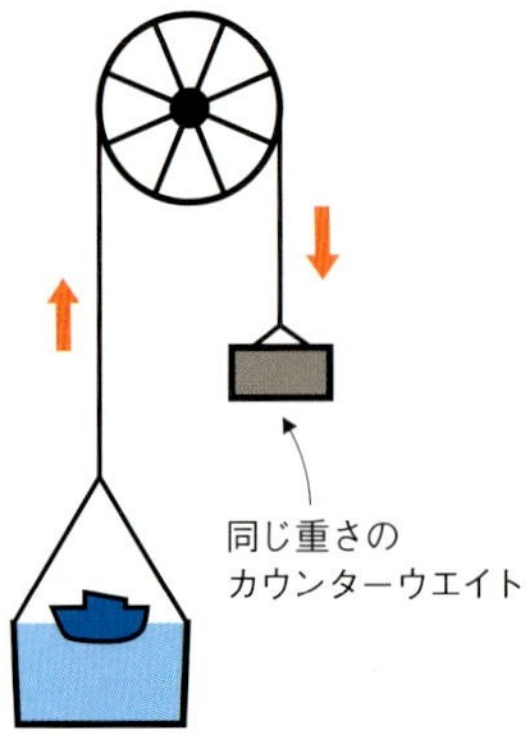

Ports of Call　　重　慶

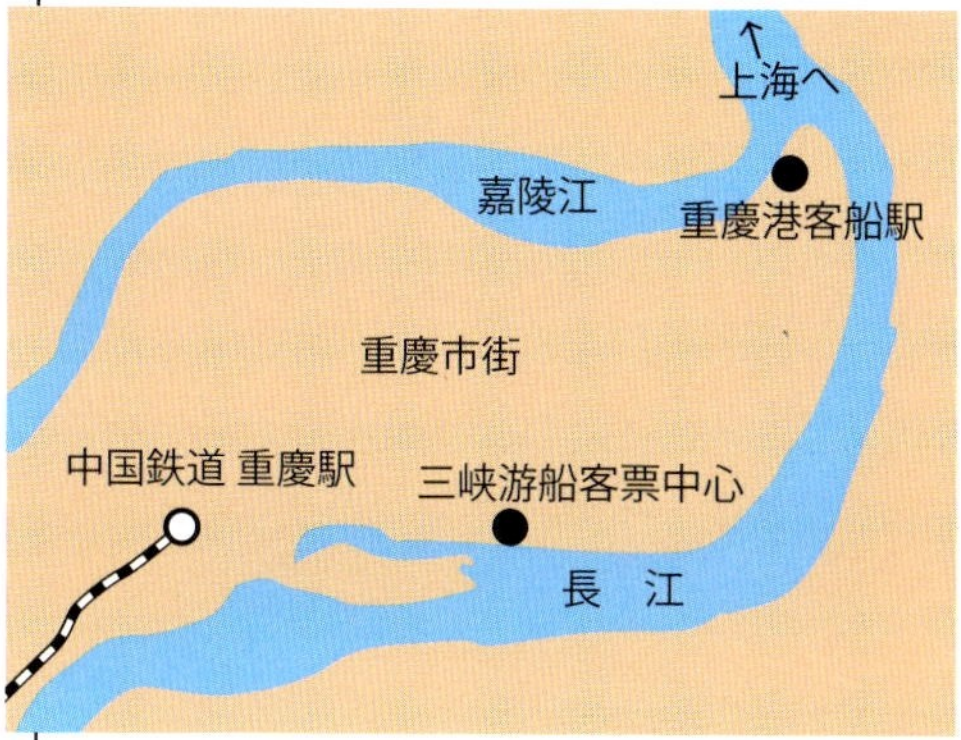

重慶市は嘉陵江と長江が合流する地点にある歴史のある街です。市の周辺は広大な農村地帯で、ここがいま、三峡ダムによる豊富な電力を利用して、一大自動車生産拠点に変身しています。地図のように、重慶市街にはリバークルーズの船着場が２つありますから、注意してください。私は重慶～上海間の移動にはいつも寝台車を利用します。

中国（高速）鉄道		
上海（虹橋）		重慶（北）
17:10	⇒	翌8:10
翌8:55	⇐	18:10
（2,010km、寝台車1,100元）		

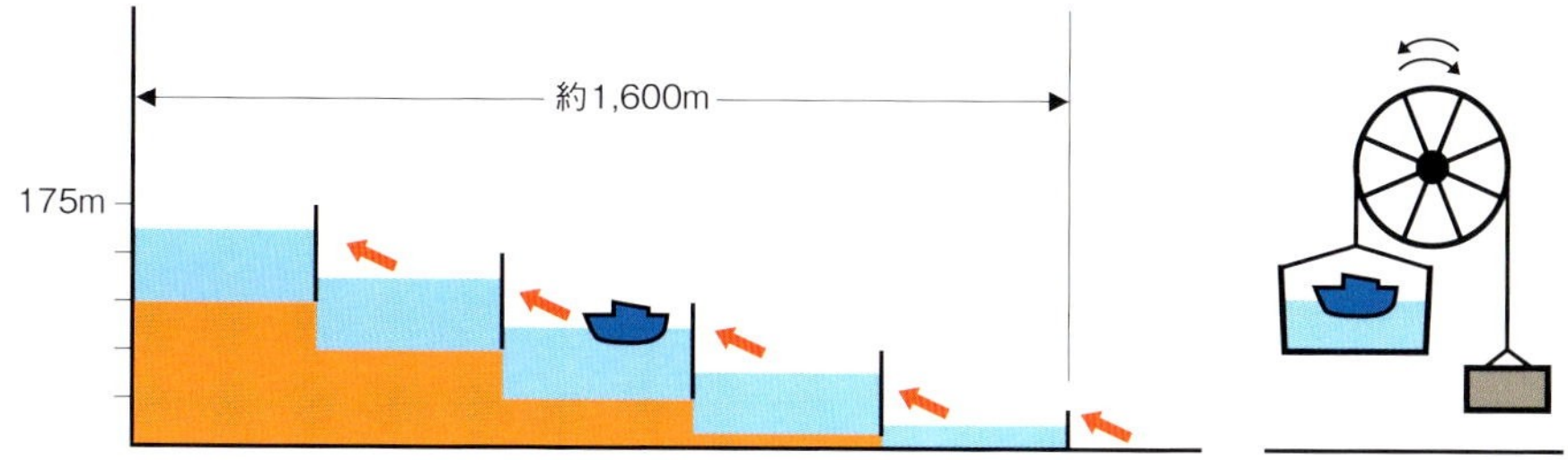

三峡ダムを船が通過できるようにするために（上り用・下り用を分離した）2車線のロックと、小型船用のリフトがあります。クルーズ船は普通、ロックを利用します。

川の船旅では熟年層が目立ちます。

外国のある会社の統計によると、リバークルーズを楽しむ年齢層の中心は70歳代だそうです。70歳代が半分、残りを50歳代、60歳代と80歳代で分けているとのこと。でも外国人は男女とも歳をとるほど、落ち着いたなかにも華やいだ服装をするので、抹香くささはまったく感じさせません。そう聞いて私は改めて船内風景の写真を見ましたが（79頁など）、なるほど若い人の姿はわずかです。

　リバーシップは海のクルーズ船にくらべると船自体が小さくて、乗客は万事に身体を動かすことが少なくて済み、さらにリバークルーズでは窓の外の風景が席に居ながらにして移り変わるので、熟年層に歓迎されるのでしょうか。

　ただし例外もあります。ライン川のクリスマス・クルーズの主役は、添付DVDで観ていただいたように、船内で放し飼い状態になった大勢の子供たちです。また、ウィーンやロシアでの音楽がらみの旅では若い女性の姿が目立ちます。

米国からの旅行者向きの長江クルーズ

正直いって日本人の場合なら、中国への手頃なパックツアーがたくさんありますから、万里の長城や兵馬俑の見学はリバークルーズとは別の旅行で行ったほうがいいでしょう。世界区のリバークルーズ会社御三家は、どこもこれと同じスタイルのパックツアーを実施しており、価格もほぼ同じです。左のバイキング社の長江クルーズでは、最後に上海港まで船で下りて来ずに無錫で下船して、そこからバスで上海に戻ってきます。これは途中にある蘇州のシルク研究所に併設されているシルク即売所がお目当ての米国の女性客が多いからです。とくに、肌ざわりの良いシルクのインナー衣料が大変な人気です。なお、このクルーズは、年間パンフレットが出されたときにはすでに最安キャビンは予約で完売になっていました。ヨーロッパのロマンチック系のクルーズではベランダ付きの高級キャビンから先に予約が入るのに、ここ中国のクルーズは安いほうから売れる意味は、何となくわかるような気がします。

クルーズ No.58

中国の歴史探訪とクルーズ

北京・万里の長城〜西安・兵馬俑〜重慶・乗船〜無錫・下船〜バス・蘇州シルク〜上海

全旅程16泊、内クルーズ9泊
$3,775〜

日	予定
1	北京ホテル集合
2〜4	北京観光後、西安へ
5	西安・兵馬俑見学後、重慶へ、乗船
6	寄港地観光
7	寄港地観光
8	三峡観光後、ダム通過
9	三峡ダム付近観光
10	洞庭湖観光
11	洞庭湖観光
12〜14	寄港地観光
15	無錫で下船、蘇州観光 シルク研究所見学・買物後、上海へ
16〜17	上海観光後、ホテルで解散

催行頻度：シーズン中、月1〜2回

実施：バイキングリバークルーズ
クルーズ代理店：オーシャンドリーム
(042-773-4037)

バイキング・エメラルド号　109×18.5m、256／138人、5階

長江の上流部・三峡ダムを巡る 三国志ゆかりの地・浪漫の旅

空前のスケール、世紀の大工事・三峡ダム

２００７年11月15日、重慶市開県で工事最後の爆破があり、中国国家プロジェクトの一つが完成しました。旧市街とはいえ、重慶市の一部が水没したのです。当時、私は徐福村に滞在していましたが、その帰りに新聞でこの爆破を知りました（左上）。この三峡ダムの規模は桁違いに大きく、32台の水力発電機がフル稼動すると日本の黒部発電所の約70倍、原発16基分の発電をします。この電気を利用して、重慶地区は中国の新しい一大自動車生産基地に変身しつつあります。

長江上流の三峡クルーズは、クルーズネットワーク（まんぼうくらぶ、０３-５６２３-０７８０）が安価な旅を提供していますが、ＪＴＢメディアリテーリングは３泊４日の三峡クルーズの前後に、同社が得意とする陸上観光を付けて、左のような旅行を実施しました。11泊・日本人添乗員付きで20万円の超安値です。これは右頁のバイキング社の日本版です。

チャイニーズ Chinese 中国巨龍 ドラゴン Dragon

1800年の歴史消失

消え去った。当日はあいにくの雨だったが、爆破の瞬間を、かつての住人たちも感慨深げに見届けた。ダム工事によって、次々と消えていく古い街並み。瓦礫（がれき）と化してしまった歴史ある街並みを、惜しむ声も少なくない。

爆音とともに消え去った開県の古い街並み　© 中国巨龍

クルーズ No.59

大増便・決定

2012年建造船で三峡クルーズ	
11泊（船シャワー 3泊）　20万円	
日	訪問地／予定
1	成田発、成都へ、成都ホテル泊
2	三国志ゆかりの史跡を観光
3	羅江から剣閣へ、剣閣ホテル泊
4	剣門閣へ、歓迎セレモニー
5	広元観光　閬中ホテル泊
6	重慶へ、長江で黄金丸号乗船
7	夜、船長主催歓迎パーティー
8	小舟に乗り替えて、小三峡へ
9	黄陵廟⇒宣昌、昼頃下船
10	荊州観光、武漢ホテル泊
11	赤壁観光、武漢ホテル連泊
12	武漢発、成田へ
催行頻度：年5回（2012年）	
実施：JTBメディアリテーリング 東京より　03-6902-5522 他地域より　0570-01-5500	

JTBメディアリテーリングの月刊・旅行情報誌（無料）⇒「たびものがたり」

JTBロイヤルロード銀座のクルーズのパンフレット（無料）⇒「クルーズセレクション」

JTBメディアリテーリング（旅の通信販売）（連絡先：左記）
JTBロイヤルロード銀座
クルーズデスク（03-3572-5892）

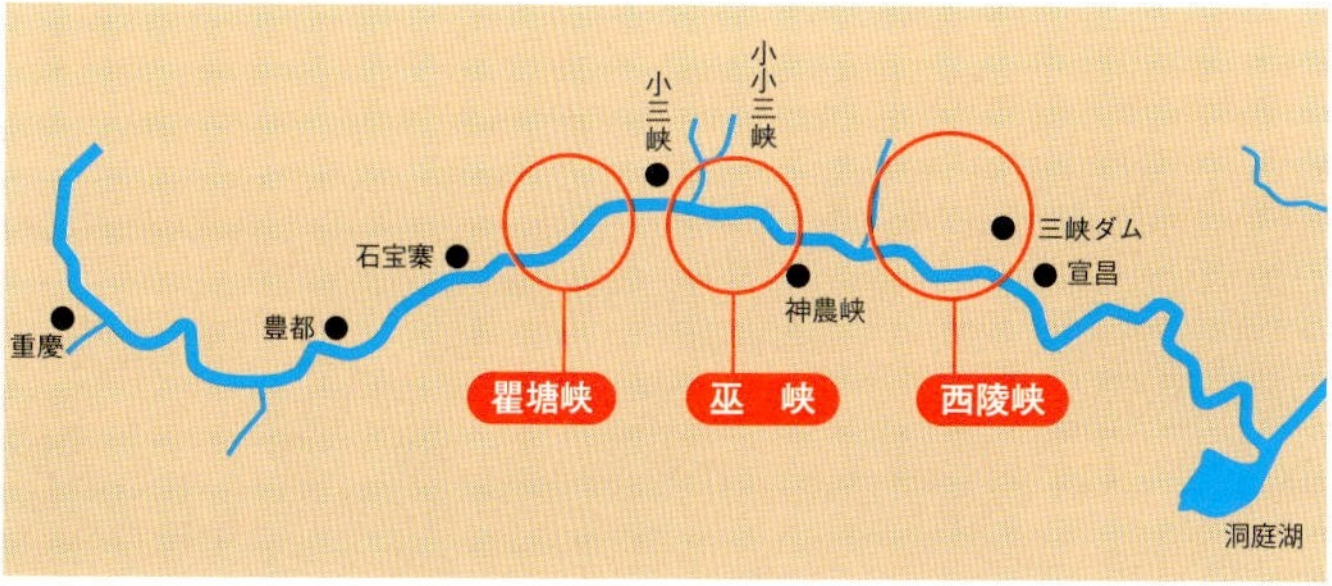

始皇帝の地方巡遊船

始皇帝は中国で群雄割拠の乱世を統一したことで有名ですが、暗殺を恐れて毒味役や影武者を使うなど、臆病な面もあったようです。後世に伝わる阿房宮や万里の長城というとてつもないハコ物を残したかと思うと、晩年は忍びよる死の影におびえて死出の旅のお供として兵馬俑を用意したり、徐福に命じて不老不死の妙薬を求めるために５００隻もの大船団を東海（日本）に派遣したり（史記より）、常人とはスケールの違う暴君でもありました。始皇帝はその人生後半に豪華な巡遊船を造って各地を巡幸し、豪族から年貢を取り立てて回りました。

私の記憶では、２００６年頃、重慶新世紀国際旅行社は、太い柱とオレンジ色の瓦葺きの中国宮殿風の建物の一部を船上に残したクルーズ船をここで運航していました。その頃、始皇帝の巡遊船誕生秘話を、上海大学中国史研究学派のお一人から聞きましたので、京劇風にしてお伝えしましょう。

「起」の幕——30キロ鉄塊弾で待伏せテロ

当時恒例だった始皇帝の馬車による第2回目の全国巡遊の途中、陽武近くの博浪沙の王道上で張良ら一派の待ち伏せ攻撃を受け、影武者の乗った馬車が木っ端微塵に砕けました。王道横の林からゴムパチンコのように2本の生木の反動を利用して皇帝の車列を鉄塊で攻撃したもの。始皇帝はそれ以後、影武者を増やす一方、陸路を避けて水路を利用することとしました。

「承」の幕——豪華な巡遊船の建造

地方の豪族共を「ハ、ハァーッ」と平伏させる必要があるので、船の上に豪華な3階建て（別に船底部に貢物用倉庫あり）の宮殿を建てました。追い風のときは竹の皮（網代）でできた帆の助けを借りますが、主に船は陸伝いに兵士らが曳きました。

◆B1：貢物倉庫
◆1F：謁見の受付と兵士詰所
◆2F：拝謁室兼、夜は皇帝らの寝所
◆3F：女官ら側近の詰所
（当時のこととてトイレは1Fのみ）

「転」の幕——夜は影武者夫妻と就寝

謁見が終わると、夜は2階を6つに区切り、始皇帝夫妻の他に、身体検査を終えた5組の各々「おまる」持参の影武者夫妻を各室に。就寝後、2階への階段は警護のた

◀出土時の戦車の車輪の一部

▼中国政府の手で復元された原寸大の青銅製2号銅馬車。馬具は日本の中央競馬会で使用しているものとほぼ同じ。現在の自動車・車体と違うのは板バネが無いだけ。　出典：陝西映像旅遊商留服務パンフレットより

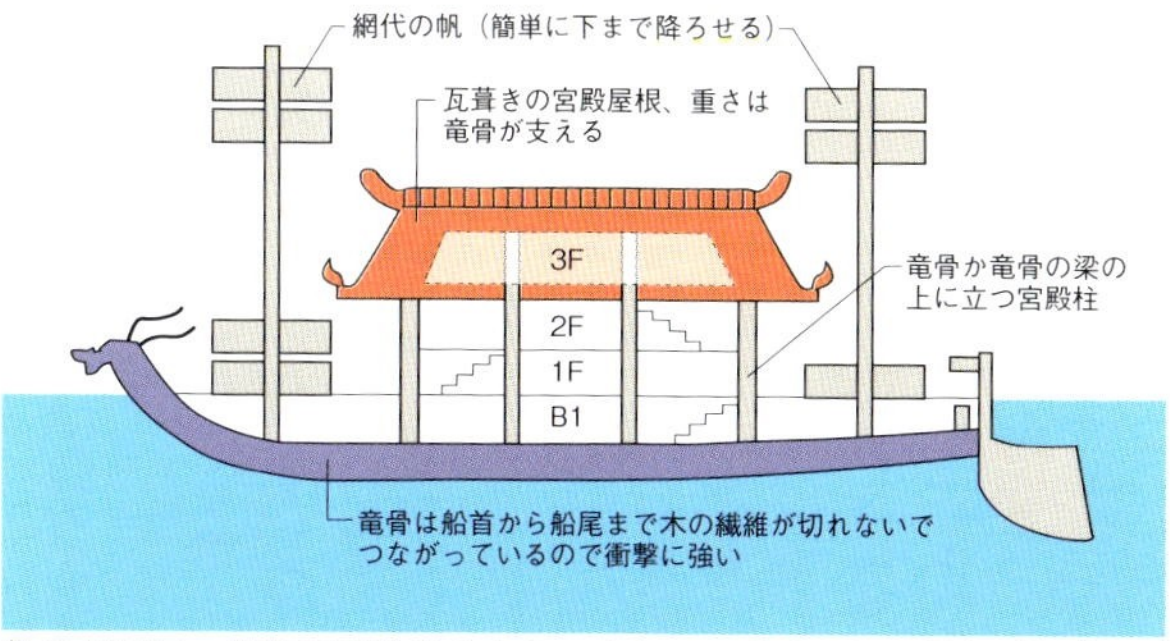

鉄クギが無い当時の竜骨はムクの一本もの。サルスベリ属などの木を成長期に先を曲げたまま成長させ、伐採後2～3年そのまま日陰で乾燥させると先が曲がった竜骨が出来るという。でも約50年かかる。

め取り外しました。水上では夜を徹してかがり火を焚いて兵士が警護したそうです。

「結」の巻――上海市の私設博物館

博物館といっても、実は宝石などの土産物ショップ。その多くの店では宝石製の巡遊船レプリカ（縮尺は十分の一～百分の一）を展示しています（右上の写真）。また、中国の宮殿・仏閣では、歴史上の有名人が使ったとされる「おまる」をしばしば目にします。

中国ジャンク船はバージの大元祖？

巡遊船の宮殿部を取り払って、一般の貨物船として使ったのがジャンク船だといわれています。巡遊船では重い宮殿を（甲板ではなくて）いちばん船底部にある竜骨で支えていますから、船は安定します。ジャンク船も重い貨物を積むほど安定します。一方、遣唐使船には竜骨はなくて、大きな木材を板状に裂いた底板や側板で箱状に造られたので（平底船）、竜骨で支えるジャンク船に比べるとはるかにひ弱で、しかも風に流されやすいものでした。船首から船尾まで通る竜骨がないため、遣唐使船は日本海で前後２つに割れて、別々に漂着した、という記録がたくさん残っています。

さて、現在でも英国では東洋の白い無地の陶器のことをチャイナとかノリタケと呼び珍重していますが、中国の陶器は多くのジャンク船で英国にまで運ばれました。その船が中国に戻らないで、英国やフランスに残り、そこの水路で活躍して、やがては同型の木造船が現地で建造されるようになったことは容易に想像できます。なお、そのときに、現地製のバージでは、橋の下をくぐるために帆柱が倒せるように工夫された様子が、Prince Naruhito の英文御著書に掲載されている銅版画の数枚に描かれています。

また、ノリタケとは、当時の日本陶器本社の所在地であった名古屋駅近くの則武町に由来するものです。

南船北馬の面影が残る水郷・蘇州

「中国では南船北馬、米国では東船西馬だったのですよ」と教えてくださったのは、長野博士です。南船の一つの中心地が蘇州・無錫地区。米国の東船は二つのパワーポイントがあり、ニューヨークから五大湖方面と、南のポトマック湖畔（日本からの桜で有名）方面です。開拓時代が始まるとともに、かつては網の目のように運河、インクライン、ロックが整備されていきました。とくにポトマック湖畔のモリス運河のインクラインは、後の京都・蹴上のインクラインの設計に大きな影響を与えました。ここのリバークルーズはいずれ機会があればご紹介したいと思います。

さて、蘇州は中国より日本で有名です。それは

◆安く手軽に行ける　日本から近く、阪急交通社の格安パックなどでは4～5日・3万円代のツアーがあり手軽に行けることに加えて

鐘が鳴ります寒山寺

私たちの心の故郷

楓橋夜泊　作：張継

月落烏啼霜満天
江楓漁火対愁眠
故蘇城外寒山寺
夜半鐘声到客船

◆寒山寺の夜明けの鐘　多くの日本人が学校で習い、以来ここに淡い夢を抱いています。

◆蘇州夜曲　最近では綾香さんがカバーして、老いも若きも同床異夢でこの歌を愛唱しています。

夢の蘇州・無錫クルーズ（揚子江クルーズ）

日本からのフェリーが着いた上海のターミナル港からこの揚子江クルーズは出発するはずです。いまは蘇州のことも三国志（＝無錫）も知らない米国人向けに長江クルーズは運航されていますが、いつの日にか、日本人向きのクルーズが催行されることを祈念しています。

クルーズNo.60

三国志・無錫と心の故郷・蘇州巡り

日本人向きの揚子江クルーズ・15日
約10万円～

日	港（船着場）／予定
1（金）	12:00 大阪港フェリー出港
3	10:00 上海着、同じ港で乗り換え、7泊の揚子江クルーズに出発
4～5	蘇州散策（海の船旅編48頁）
6～7	太湖停泊、無錫散策、三国志テーマパーク遊覧など（同）
8	上海帰着
9～11	上海近郊観光
13	11:00 上海発、日本へ
15(木)	9:00 大阪港帰港

(2012年現在、実施する旅行社なし)
まんぼうくらぶ(03-5623-0780)に、「ぜひやって欲しい！」と陳情すると実現するかも。

♪ 蘇州夜曲 ♪
作詞：西条八十

君がみ胸に　抱かれて聞くは
夢の船唄　鳥の唄
水の蘇州の　花散る春を
惜しむか　柳がすすり泣く

花をうかべて　流れる水の
明日のゆくえは　知らねども
こよい映した　ふたりの姿
消えてくれるな　いつまでも

髪に飾ろか　接吻しよか
君が手折りし　桃の花
涙ぐむよな　おぼろの月に
鐘が鳴ります　寒山寺

日中国際フェリー蘇州号で寒山寺詣

最近は日中国際フェリー「蘇州号」と高速鉄道で日本から簡単・楽に蘇州に往復できます（クルーズNo.61）。フェリーはクルーズ船とは格が違いますが、蘇州号の船内は昔の関西汽船・別府航路の「むらさき丸」と同じ造りで、しかもわずか片道2泊の船旅ですから、私はこれをミニ海外クルーズと見なして紹介しています。

蘇州号は上海市の繁華街にあるテレビ塔（東方明珠タワー）の足下、黄浦江（長江の支流）沿いにある、世界最大規模を誇る上海国際クルーズターミナル（国際旅客輸送埠頭）に接岸します。ここからはコスタなど海のクルーズ船や長江のリバークルーズ船も発着しています。このターミナルビルからタクシーで5分の上海駅から、高速列車で蘇州までは40分足らず。高速列車は1時間に3、4本出ていて、駅の発券窓口で「蘇州、大・2人」と書いた紙を係員に見せると次の列車の切符が買えます。言葉は一切交わしません。

私の蘇州での定宿は平江ロッジ（元は民間の迎賓館）です。風格を備えた宿で、宿泊客は西洋人がほとんどですが、ここへ来ると「ああ中国に来た」と実感できます。

さて、蘇州で2泊して同じ船の折り返し便で大阪へ帰ってくるとすると、その間に寒山寺で除夜の鐘を撞けるのは、フェリーの運航曜日との関係で、2012年の次は2017年と2018年です。帰りのフェリー内では大風呂につかって、窓越しに東シナ海から昇る1、2日遅れの初（？）日の出を拝み、船内の自動販売機で買った免税価格の100円缶ビールで乾杯できます。洋上で免税酒が飲めるのは、世界でも蘇州号だけです。

私はいずれ、この便を利用して、夜の甲板で「オムニポットさん、どうかご無事で」と、♪輝く星に心の夢を♪祈ろうと考えています。実は、130頁で紹介するオムニポットさんのウェブ便りが、西アフリカでワゴンRのナンバープレートを外している写真を送ってくれた後、ピタリと途絶えたのです。

寒山寺で除夜の鐘を撞く

全7日（船4泊・蘇州2泊）
船・鉄道の往復、平江ロッジ代など
予算総額約45,000円

（2012年または2017年、2018年）

日	港（船着場）／予定
12月28日	12:00 大阪港発
30日	10:00 上海着
31日	寒山寺で除夜の鐘を撞いて
1月 1日	7:00 ロッジ発、高速鉄道で上海へ
	11:00 上海港発
	途中、初（？）日の出を拝みながら
3日	9:00 大阪港着

蘇州号の予約：クルーズネットワーク（03-5623-0780）

平江ロッジの予約：
各自ネットで手配するか、日通ペリカントラベルネット上海に、日本語メールで手配を依頼する。

別府港のむらさき丸（1931年8月28日）
私の独立時に母が贈ってくれたアルバムに、この絵ハガキがありました。

英国のリバーシップ（1）〈ナローボート：Narrowboat〉

このボートの幅は2.1m、長さは21mで、ホテル式のボートでは2隻が連結されて
カナルを運航する。（英国人はそこが小川でも、カナルと呼ぶ。）
乗客は6～8名。数日かけて英国の田園巡りをする。
食事や宿泊時にはこの写真のように2隻寄り添って停泊し、
船長が調理した英国の男料理が供される。
費用は食事の実費程度なので泊単価が約£100（1万円余）と安いのが特徴。

英国は ヨーロッパ大陸とは まったく違う リバークルーズです

世界区のクルーズ会社のどこも英国水域には就航しません。地方区のヨーロピアン・ウォーターウェイズ社（以下EW社）がほんの一部で運航し、あとは大人の水遊びとも言えるナローボートでの田園巡りが盛んです。この庶民の素朴なレジャーを裏から支えているのがブリティッシュ・ウォーターウェイズ（英国水路公社。現在は公社ではないが、以下BW公社と略記）で、年中無休で水路やトウパス（散歩道）、手動ロックなどの維持管理をしています。

英国の主要水路のみ記載。最北端のシェトランド島にまで足を運ぶ日本人はほとんどいない。しかし徳仁親王はコレッジの夏休みにこの島を訪れておられます。（ご著書『テムズとともに』（198頁）に「…石を積み上げたブロッホと呼ばれるバイキングの住居がいくつも見受けられ、荒涼とした北辺の地に…」とある）

英国のリバーシップ（2）〈ヨット：Yacht〉

元・王室ヨットのブリタニア号。実物は5,769tons、126×17×メインマストの高さ37m、
喫水4.6m、乗客約250名、1953年進水・1997年退役。
外国では、ごく内輪だけで（乗船料など取らずに）利用する、
帆走もできる豪華小型クルーズ船をヨットと呼ぶことがある。
この写真はブリタニア号が名古屋港・大観覧車（利用料600円）をバックに
中川運河を名古屋城方向にバーチャル航海している写真。

英国のリバーシップ（3）〈バージ：Barge〉

このバージの幅は約4.8m、長さは約35.5m。乗客は8～12名。
剋太画伯が画いた往年のはしけ（107頁）の内部を山荘風に改装し、三食・宿泊つきのホテルバージとして、
主にフランスの川や運河に就航。英国のテムズ川、スコットランドのネス湖・
カレドニアン運河やアイルランドにもわずかながら見られる。

ホテル・ナローボートでゆく英国田園・心の旅路

これは私の表現力ではうまくお伝えできませんので、まず添付ＤＶＤを観てから、この先を読んでください。

いかがでしたか。後の2隻目にはキャンピングカーのようにキュートなキャビンがいくつかあり、前のボートはキッチンとダイニングルームです。

三食と午後の紅茶などがインクルーシブになっているのは普通のクルーズと同じです。

ホテル・ナローボートのオーナーのマーチンさんご一家は、みなさん聖職に関わるお仕事をされています。マーチン船長は現役ばりばりの牧師さん。でもボーター（英国のボートおたく）趣味が昂じて、ボートの操船はできないが田園巡りはしてみたい、というペーパーボーターのために、ほとんど奉仕の精神で、個人でホテル・ナローボートを始められたのです。最盛期には30隻を超えるホテル・ナローボートが英国の運河（カナル）に就航していましたが、どこも後継者難で、現在はいずれも個人営業の10隻程度だけのようです。

オーク・アンド・アッシュ号

マーチン船長のホテル・ナローボートはオーク号（前）とアッシュ号（後）。普段は電車のように2隻が連結して航行しますが（93頁）、食事のときは必ず並んで停泊して（88頁）、乗客はみんなオーク号のダイニングルームに乗り移って食事をいただきます。乗組員はマーチン船長と若い2人の計3名。

◇ジョーンズ君は主に2隻目（アッシュ号）の車掌役

◇ハーンさんは料理学校出身で、レシピを見ながら船長の男料理を補佐します。

マーチン船長はＤＶＤで観て

いつものランチとディナー

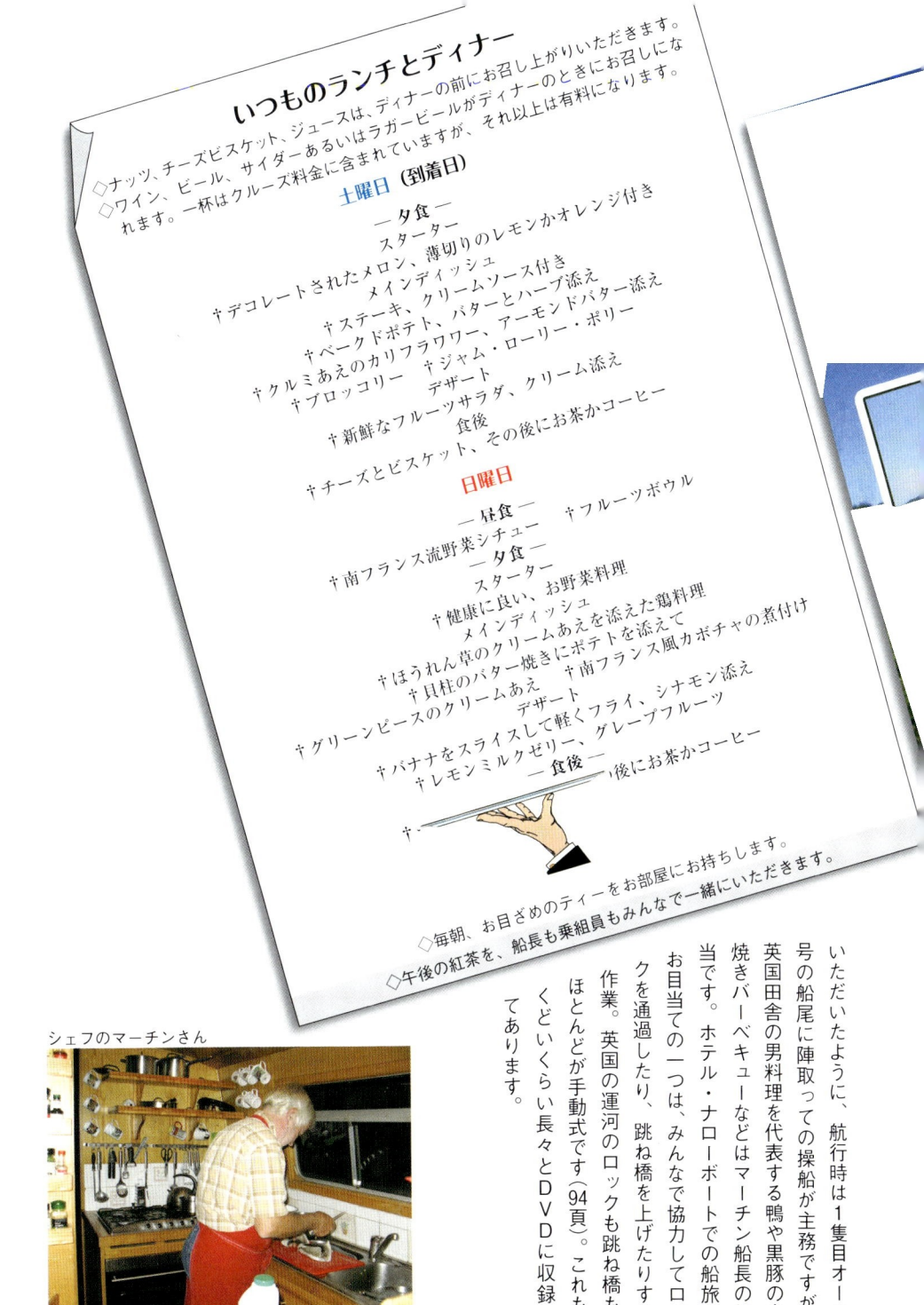

◇ナッツ、チーズビスケット、ジュースは、ディナーの前にお召し上がりいただきます。
◇ワイン、ビール、サイダーあるいはラガービールがディナーのときにお召しになれます。一杯はクルーズ料金に含まれていますが、それ以上は有料になります。

土曜日（到着日）

— 夕食 —

スターター
†デコレートされたメロン、薄切りのレモンかオレンジ付き
メインディッシュ
†ステーキ、クリームソース付き
†ベークドポテト、バターとハーブ添え
†クルミあえのカリフラワー、アーモンドバター添え
†ブロッコリー　†ジャム・ローリー・ポリー
デザート
†新鮮なフルーツサラダ、クリーム添え
食後
†チーズとビスケット、その後にお茶かコーヒー

日曜日

— 昼食 —

†南フランス流野菜シチュー　†フルーツボウル

— 夕食 —

スターター
†健康に良い、お野菜料理
メインディッシュ
†ほうれん草のクリームあえを添えた鶏料理
†貝柱のバター焼きにポテトを添えて
†グリーンピースのクリームあえ　†南フランス風カボチャの煮付け
デザート
†バナナをスライスして軽くフライ、シナモン添え
†レモンミルクゼリー、グレープフルーツ

— 食後 —

†　後にお茶かコーヒー

◇毎朝、お目ざめのティーをお部屋にお持ちします。
◇午後の紅茶を、船長も乗組員もみんなで一緒にいただきます。

シェフのマーチンさん

いただいたように、航行時は1隻目オーク号の船尾に陣取っての操船が主務ですが、英国田舎の男料理を代表する鴨や黒豚の丸焼きバーベキューなどはマーチン船長の担当です。ホテル・ナローボートでの船旅のお目当ての一つは、みんなで協力してロックを通過したり、跳ね橋を上げたりする作業。英国の運河のロックも跳ね橋も、ほとんどが手動式です（94頁）。これも、くどいくらい長々とDVDに収録してあります。

ホテル・ナローボートで秋の英国運河に至福の船旅

船内8泊£730（定員8名）（泊単価£91.2）
別に代理店手数料約3万円が必要

9月18日フェリーで神戸発
天津着20日北京ウルムチアルマトイモスクワ（天山北路で）ポーランドロッテルダムロンドン
チェスター10月8日着、10月9日よりクルーズ開始

日	港（船着場）／予定
1	チャーク駅集合、オーク＆アッシュ号に乗船
2	朝食後、船はチャーク発
3～7	アクアダクトを通過し、多数のロックで作業
8	朝食後、クリュー近くで下船 タクシーでクリュー駅まで送られて解散

10月19日クリューロンドンロッテルダム
モスクワ北京上海大阪11月5日着
フェリーと列車での往復の詳しい行程表は126・127頁にあります。

実施：リード・ボート
クルーズ代理店：オーシャンドリーム（042-773-4037）

オーク・アンド・アッシュ号の年間運航予定表の例

（ ）泊単価：1£=約120円、2012年9月現在
赤字は、次年度運航予定発表時に、既に予約完売を示す

①	4月18日～	9泊	ワーヴィック、クモの巣運河	£795	(£88)
②	4月26日～	6泊	ストアボードで旋回を経験	£595	(£99)
③	5月4日～	6泊	スランゴスレン運河	£599	(£100)
④	5月10日～	8泊	スランゴスレン運河	£795	(£99)
⑤	5月18日～	7泊	ナントリッチ⇒バーミンガム	£695	(£99)
⑥	5月25日～	4泊	バーミンガム⇒ワーヴィック	£415	(£104)
⑦	6月12日～	7泊	約100のロックを通過	£696	(£99)
⑧	6月19日～	6泊	セバーン川の遍歴	£595	(£99)
⑨	6月25日～	4泊	ロチェスター付近の周遊	£415	(£104)
⑩	6月29日～	4泊	ロチェスターからグロウセスター	£415	(£104)
⑪	7月3日～	6泊	エイヴォン　上り	£595	(£99)
⑫	7月9日～	5泊	ストラトフォード・アボン・エイヴォン	£510	(£102)
⑬	7月14日～	5泊	ワーヴィック付近周遊	£510	(£102)
⑭	7月28日～	9泊	ピーターボロ方面へ	£890	(£99)
⑮	8月9日～	9泊	ワーヴィックへ逆戻り	£890	(£99)
⑯	8月15日～	5泊	ワーヴィックからヒンクレー	£510	(£102)
⑰	8月20日～	5泊	ヒンクレー付近周遊	£510	(£102)
⑱	8月25日～	7泊	ワーヴィック方面へ	£695	(£99)
⑲	9月7日～	5泊	ブラウンストーンへ	£510	(£102)
⑳	9月19日～	5泊	ワーヴィックからウェンズレー	£510	(£102)
㉑	9月24日～	5泊	ストラトフォード周遊	£510	(£102)
㉒	9月29日～	7泊	ワーヴィックからオーセスター	£695	(£99)
㉓	10月6日～	5泊	オーセスターからストアボード	£510	(£102)
㉔	10月11日～	7泊	ストアボード付近周遊	£695	(£99)
㉕	10月18日～	7泊	ストーンからスワンリ・マリーナ	£695	(£99)
㉖	10月25日～	7泊	スワンリ・マリーナ 2大運河	£695	(£99)
㉗	11月1日～	7泊	バーミンガムからワーヴィック	£695	(£99)

（この後、常連客や送迎タクシー運転手らが集うクリスマス/新年クルーズ（7泊）がある）

オーク・アンド・アッシュ号の船旅

ホテル・ナローボートの泊当たり単価は、日本円にして約1万円とたいへん安いです。その理由は、マーチン船長がほんの実費しかお取りにならないからで、これと似た船旅をフランスの運河で提供しているホテル・バージの場合は、この価格の3倍くらいします。安いからという訳ではありませんがホテル・ナローボートを借り切ることをお勧めします。人数がたとえ定員の8人集まらなくても、8人分の料金を払って借り切ってしまうのです。4人で乗っても、1人当たりのクルーズ料金は安いものです。DVDで見ていただいたとおり、ホテル・ナローボートはちょうど英国の家庭に異国人がまぎれ込んで、数日を一緒に過ごすのに似ています。海外生活が長い日本人は増えていますが、実際に外人家族の一員になって一緒に過ごしたという人は多くはないでしょう。ですから、私は借り切りをお勧めするのです。

自家用ナローボートでは、愛犬もクルーズを楽しみます。一方、英国の猫の方はどちらかと言うと岸の茂みに隠れていて、前を通るナローボートをじっと待っている方が好きなようです。
「今日は、どんな船が通るかなー」と目を細めて…。

と、十返舎一九が『東海道中膝
うな**英国の大人の水辺巡りをサ**
Waterways）で、そのロック
をじっと見守っています。ロッ
最大の楽しみですから、その楽
はしません。

ig.20（p.94）など。
にアスプディンが発明。

ロックキーパーのコウさんは、ロックの近くのご自宅にお連れ合いのラッキーさんと住んでいます。

そのパドルを船の上流と下流の２か所において、小さいパドルでどちらかの給・排水口をうまく開け閉めすると、大きな船を浮かび上がらせることも、逆に下げることもできます。頭だけは使いますが、水圧を利用しますから人の力は要りません。どちらかの川と同じ水位になったら、扉を開いて船はスムーズに出て行きます。

この後で紹介しますが、オランダからライン川を通ってスイスアルプスにクルーズするときも、途中に動力式のマイター式ロックが数十か所あります。そのときに、「ああ、いまその何段ものマイター式ロック（ゲート）を通ってアルプスに登っているのだ」と自分でわかっていると、多少のロック通過の待ち時間があっても、あまり気になりません。

〔注3〕Fig.1（a）（p.17）など。

ック（水路の階段）

紀頃から、ロック（14 頁）が使
た徳仁親王の御著書には、船やマ
れまた貴重な、**初期の極く素朴な**
か収録されています〔注3〕。パド
方の四角い板に、長い棒（取っ手）
られた 2 つの給・排水用の穴を
側にあります。狭い水路の間に長
枚か横に並べて水路を塞ぎます。

大きいパドルには給・排水用の穴があり、小さいパドルを水圧を利用して穴に当てて、口を塞いだり開けたりするらしい。

（写真：渡邊八郎）

Ash号

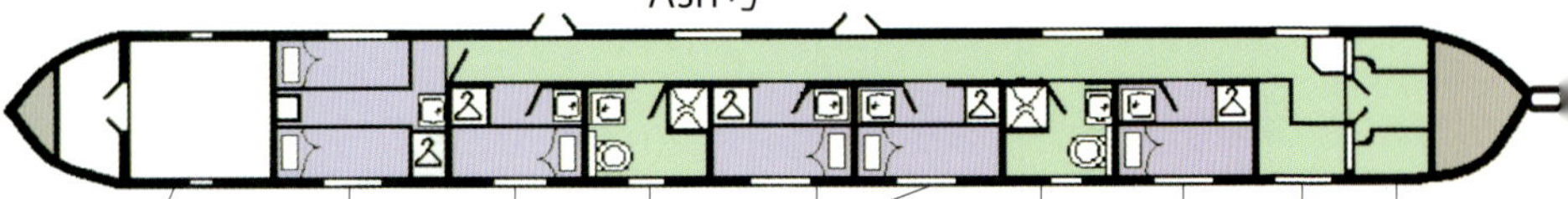

⑧クリュー駅で解散

←⑦はね橋

←⑥アクアダクトも通過

←⑤マーチン船長

←

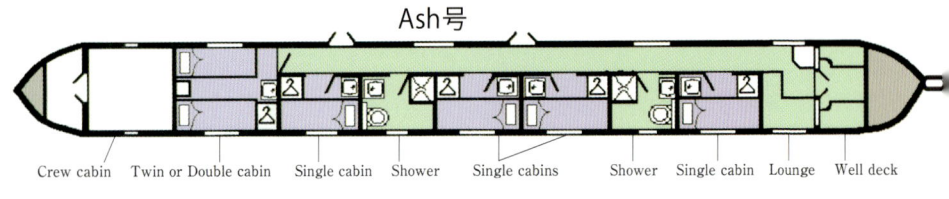

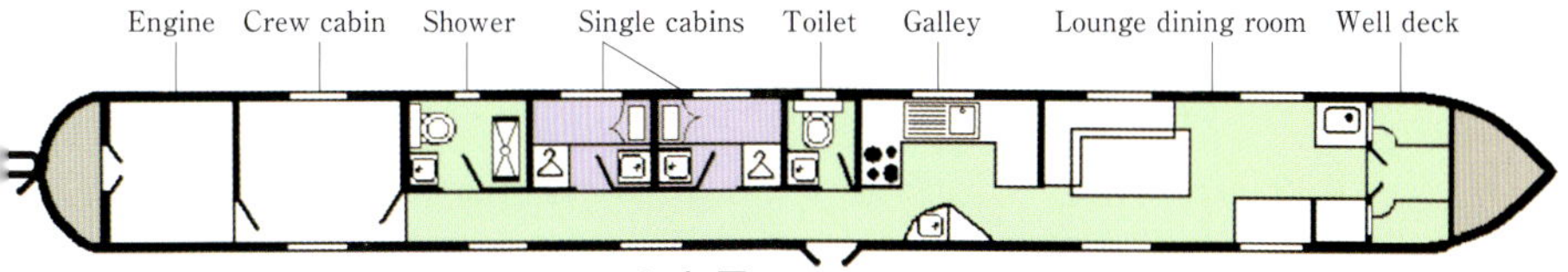

Oak号

④ウエルカム夕食

←③船だまりで乗船

←②チャーク駅に集合

←①前泊するチェスター市街

英国カナル（Canal、運河）の手動ロック

ホテル・ナローボートでの乗客の楽しみの一つは乗客みんなで作業を分担して通過するロックでの共同作業です。下の図の手動ロックは**マイター式ゲート**と呼ばれ、木製扉の両側の川の**水位差で生じる水圧**を利用して扉をしっかり閉じます。電気も動力も使いません。どちらの扉をいつ開閉するか、扉に付いている給・排水口をいつ開け閉めするかを考えるだけで、大きな船も上下させて通します。操作法は添付 DVD を見てください。

Prince Naruhito の御著書『The Thames as Highway』には、19 世紀はじめ頃の絵師が当時の船や川の沿岸風景を描いた約 20 葉の精密な銅版画が収録されています。その何枚かに下図とほとんど同じ構造のマイター式ゲートの絵が描かれています〔注1〕。満足な木工工具も乏しく、構築用のコンクリートもなかった時代〔注2〕に、現在とほとんど同じ規模と構造のマイター式ゲートが存在していて、いまも私たちがそれを利用できるというのは、スクラップ・アンド・ビルドの中をひたすら生き抜いてきた日本人の目からすると、脅威ですらあります。

英国の手動ロックにはこの他に扉に人の移動用足場や手摺りが付いたものや、自然石を石積みして造ったものなどがあります。ここにご紹介するのは The Grand Union Towpath Walk（2007年）で戴いた資料にあったものに、私が少し補足した極く一般的なタイプのものです。

ちなみに19 世紀初頭の日本はという
栗毛』を著した頃です。現在、このよ
ポートするのは英国水路公社（Britis
キーパーは各ロックで船が通過するの
ク操作を自分たちでやるのが乗客の
しみを取り上げるような無用の手助け

〔注1〕Fig.13（p.62）、Fig.14（p.63）、
〔注2〕ポルトランドセメントは1824年

15 世紀頃に生まれた

英国やヨーロッパ各国では 15
われていたようです。先に紹介し
イター式ロック風景のほかに、こ
パドルを使ったゲートの画が何枚
ルとは右図のように 1メートル四
を付けたもので、そのパドルに開
塞ぐための、少し小型のパドルが
い棒を渡して、大きいパドルを何

Ports of Call　チェスター

チェスターは**ホテル・ナローボートの船溜まりの中心地**です。ビートルズの出身地リバプールに近く、ロンドンからは急行で2時間ちょっと。チェスターの街には

飲む（食べて飲んで）
打つ（競馬場やゴルフリンクス）
買う（おしゃれなブティック）

の各施設がそろっています。東京の新宿駅がチェスター駅だとすれば、国立競技場の辺りが英国最古の競馬場、代々木公園が芝ふわふわのゴルフ場、代々木から原宿にかけて食・ブティックのある中世風ハーフティンバーのチェスターの街並みが続く、といった感じで、歩いて街のどこにでも行けます。

ナローボートの船溜まりのある至近駅は高田馬場か渋谷辺りでしょうか。最近はロンドンに飽いた日本からの旅行者もちらほら。クルーズの話はもういいから、競馬場だけはぜひ見たいという方のために、ブックメーカー（場外売場）で撮影した本場の競馬と、日本には無い競犬（ドッグレース）をDVDに収録してあります。ローマ軍の襲来に備えて造った城壁に沿ってテーマパークのように広がっている整ったチェスター競馬場は必見です。また街中にはプチホテルがたくさんあり、予約なしでも部屋は取れますから、チェスターをリバークルーズの前泊地に選んで数日滞在するのは良い案だと思います。

クリュー駅の近くにある英国公認のブックメーカー。喫茶店や他の商店と並んである。

チェスター郊外の運河沿いに停泊する、ナローボートの水上生活村。水道はあるが、下水はバキューム回収。

城壁沿いのチェスター競馬場。ここではビデオ判定は無く、デッドヒートと呼ぶ「鼻差」はほとんどが同着扱いになる。

チェスター第一の目抜き通りで記念撮影する、英国の名門語学学校English in Chester に通う学生や社会人。(犬の生徒はまだいない)

英国鉄道のチケット
ロンドン-チェスター/チャーク間急行 £65.48
所要時間　約2時間

89頁の中川運河を航行するブリタニア号の写真は、この2枚の写真をLOSオフィスでCG処理して制作しました。

ホテル・バージ「スコティッシュ・ハイランダー号」

英国北部・スコットランド地方の カレドニアン運河の リバークルーズ

日本にも怪獣騒ぎが伝えられた、あのネス湖のクルーズです。88頁の地図のとおり、そのネス湖を串刺しするように、カレドニアン運河が北海とアイリッシュ海を結んでいます。この運河は海のクルーズ船でも小さなものなら航行できますから、わずかですが今も**海からの船**と**川の船**の両方がこの水路に乗り入れています。これは北米大陸・北部のセントローレンス川や南米大陸のアマゾン川の下流に似ています。それでこの本でも、それぞれの代表的なクルーズを一つずつご紹介しましょう。

ホテル・バージでのクルーズ

ヨーロピアン・ウォーターウェイズ社は写真のような定員8人のホテル・バージを、4月から10月のシーズン中はこの水域に張り付けて毎週、左のようなクルーズを実施しています。

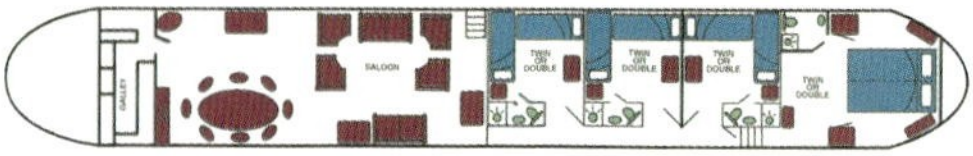

クルーズ No.63

スコットランド・カレドニアン運河 6泊7日の船旅

solo参加£3,410 ～　D室1人£2,510 ～（10 ～ 4月）
solo参加£3,700 ～　D室1人£2,650 ～（5 ～ 9月）
キャビン数4室⬆なおホテル・バージは同クラスの他船に変更されることあり

日	港（船着場）／予定
1（日）	ネス湖畔の指定ホテルに16時集合、船へ乗船後、船内で歓迎シャンペン夕食
2（月）	カレドニアン運河を下りFort Augustusへ
3（火）	Fort Augustus
4（水）	カレドニアン運河を下りCullochyロックへ
5（木）	カレドニアン運河を下りGairlochyへ
6（金）	カレドニアン運河を下りBanavieへ
7（土）	船内で心温まるスコティッシュ風朝食を終え、11:00までにインヴァネスへ移動

（この後の次週は上記の逆コースにて運航）

催行頻度：通年運航

実施：ヨーロピアン・ウォーターウェイズ社
クルーズ代理店：オーシャンドリーム（042-773-4037）

クルーズ No.64

NY発着・スコットランド北西部での8泊9日の船旅

solo参加$8,360 ～、D室1人$6,690 ～（7月の例）
NYからの航空運賃含む。ヨットの全キャビンは27室
同行レクチャラー：Steve Blamires氏（歴史）を予定
ナショナルジオグラフィック社のスタッフが随時同行

日	予定
1	NY発・空路インヴァネス（スコットランド）へ
2	インヴァネスでヨットに乗船
3	Culloden、Clava Cairnsを経て、ネス湖〔注〕へ
4	ネス湖の渇やBanavie、Glenfinnan
5	Linnhe、Sound of Mull、Duaet城、Tobermory
6	Iona、Tobermory
7	Eigg島またはRun/Inverie島
8	Skye島
9	Kyle of Lochalsh、インヴァネスから空路NYへ

〔注〕クルーズ中はゾディアックでの渇への探索旅行があるが
ネス湖の怪獣の存在は2012年現在、未確認。
ただ、怪獣のレプリカは土産物店で販売されている。

運航予定：5～9月頃のシーズン中、随時催行

リンドブラッド・エクスペディション社（米国）が実施
現地で大型ヨット　Lord of the Glens号に乗船
クルーズ代理店：日本にない。どうしてもというときにはネバーランド・ピープル（03-3265-2488）に相談

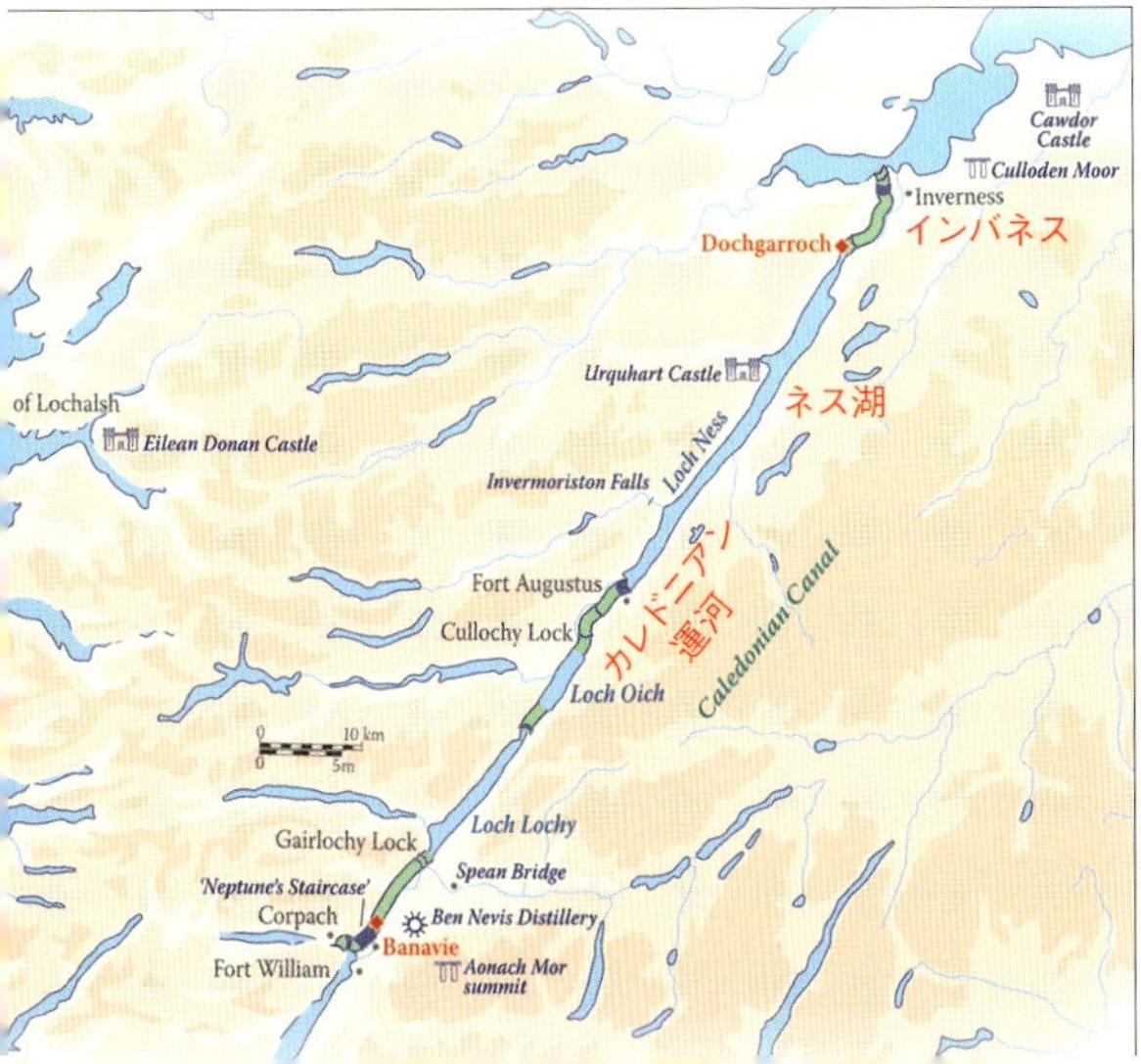

キャビン数27の大型ヨットでカレドニアン運河グランドクルーズ

リンドブラッドは初めて世界のベスト5に登場した古豪のクルーズ会社です（8頁）。以前から地球の自然・歴史や文化探訪のクルーズを米国の教養人に提供しており、英国スコットランドへの左のようなリバークルーズもあります。従来型の、まあ綺麗！まあ美しい！という船からキラキラ系の施設をすべて取り外して、その代わりに講義室や寄港地ツアー用のカヌーやカヤックをたくさん積み込んでいます。現在、日本にクルーズ代理店はありませんが、ネバーランドさんにお願いすれば何とかなりそうですから、この本で取り上げました。

スコットランドは、日本でも最近人気の湖水地方（イングランド北西部）より遥かに北に位置し、さわやかさは日本の8倍の自然豊かな土地です。

英国・田園のさわやかさは日本の8倍

	英国	日本
人口	0.5	1.0
国土面積	0.6	1.0
居住可能国土	2.0	1.0
緯度	遥かに高緯度	
総合さわやかさ〔注〕	8.0	1.0

〔注〕さわやかさ＝居住可能国土が2倍
×人口の少なさ2倍
×寒冷度が2倍

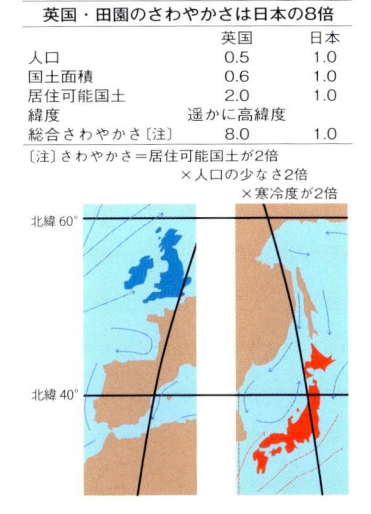

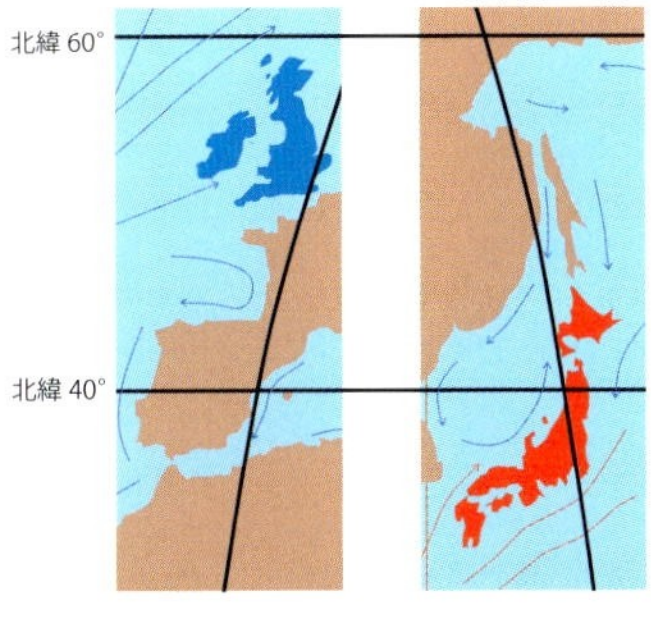

♪ ロンドン橋　落ちる　落ちる　マイ　フェア　レディー ♪

ロンドン橋が落ちたのはテムズ川。テムズ川は、アイリッシュ海の入り江のブリストル湾に近いケンブル村からロンドン湾までの346kmの短い川ですが、かつては英国の繁栄を物流面で支えた水路のハイウエーでした。テムズ川にはたくさんの支流や運河のネットワークがあります。現在のテムズ川は、ロンドンから遥か下流のハーフペニー橋までしか、汽船（海のクルーズ船も含む）は遡上できませんが、往時はロンドン橋まで遡って、ここで積み荷をロンドンの岸に降ろすか、川の上でバージに積み替えて更に上流へと運びました。行けるところまでバージ（船幅：約**5m**）で運び、そこから先はもっと小さいナローボート（船幅：BW公社の規定で**2・1m**以下）に積み替えて、工場や商店の店先まで荷物を運びました。でもそれは産業革命華やかなりし頃のお話で、船が物流の主流の座から降りた現在のテムズ川水系では、わずかのバージが物資を輸送していたり、キャビンを備えたナローボートがクルーズという健全な水のレジャーを人々に提供しています。

ロンドン橋　落ちる　落ちる
ロンドン橋落ちる
マイ　フェアー　レディー

どうやって　建てる　建てる
どうやって建てる
マイ　フェアー　レディー

金と銀で　建てる　建てる
金と銀で建てる
マイ　フェアー　レディー

（マザーグース・ナーサリーライムより）

1939年当時の歌詞
訳詞者不明（著作権消滅）

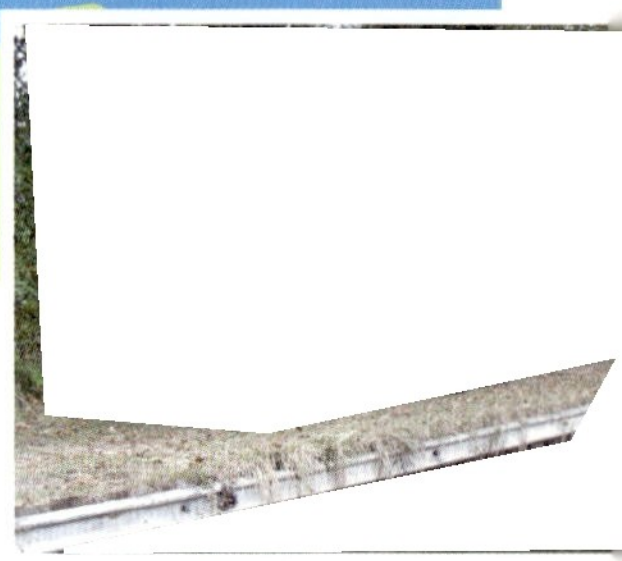
トウ・パスを散歩する犬

テムズ川沿いトウ・パスのウオーキング

岡本誠先生（駒澤大学）御夫妻は、2度目のレディング大学ご滞在のときに、オックスフォードからウインザーまでテムズ川沿いのトウ・パスを、次のように11回に分けてウオーキングされました。ナローボートでのクルーズもこの日程でいいと思います。

テムズ川のリバークルーズ

テムズ川の上流はレッチレイドまでクルーズできますが、この下流に英国では珍しいホテル・バージが2隻就航しています。その一つは「オーク&アッシュ号」のような個人営業の「アフリカの女王号」。気まぐれですが、私の知る範囲ではヨーロッパで唯一の個人営業ホテル・バージで、この後104頁で紹介します。他は**EW社のホテル・バージ（定員8名）**の「マグナ・カルタ号」で

◆テムズ川のヘンリー・オン・テムズとハンプトンコートの間を7日間の船旅

◆年間を通じて、毎日曜発・土曜に向こうで下船、の予定でピストン運航

◆1・2・3・10・11・12月のオフ価格はツイン客室の一人当たりは€2500

◆クルーズ代理店はオーシャンドリーム（042-773-4037）

テムズ川トウイング・パス120kmを、11回に分けてウオーキング

レディング市滞在につき電車賃のみ

1	オックスフォード⇒ラドリー（9km）
2	ラドリー⇒クリフトン・ハムデン（16km）
3	クリフトン・ハムデン⇒ウォーリングフォード（16km）
4	ウォーリングフォード⇒ゴアリング（12km）
5	ゴアリング⇒パングボン（8.5km）
6	パングボン⇒タイルハースト（5km）
7	タイルハースト⇒レディング（5km）
8	レディング⇒ヘンリー（14km）
9	ヘンリー⇒マーロー（15km）
10	マーロー⇒メイドゥンヘッド（12km）
11	メイドゥンヘッド⇒ウィンザー（10km）

実行：岡本誠先生ご夫妻
手引書：『テムズ川ウォーキング』、岡本誠著、春風社、1,905円＋税

犬の目線が届くところの要所要所にこの標識があるのですが…。

犬の落とし物

英国では犬は各家庭の一員です。トウ・パスは人と犬との絶好の散歩道になっています。北西部のチャーク辺りのトウ・パスには犬の落とし物がたくさんあるので、人はみんな下を向いて散歩します。でも、テムズ川沿いの散歩道には犬の落とし物がまったく見当たりません。不思議だなあ、と私はそのことが気になったまま日本への帰途につきましたが、延々と続くバイカル湖の湖面を見つめているときに、はっと気が付きました。そうだ、悪いのは上の標識だ、と。文字の読めない犬は、標識を見て「そうか、ここで落としてください、と言っているのか。落としても人間が始末しますからご心配なく、という訳か」と判断して、せっせとトウ・パスに落とすのでしょう。

一方、テムズ川沿いに住む犬は当然みんな高学歴ですから、標識の文字を読んで、トウ・パスには落とさないのです。そうだ、BW公社は北西部ではもっと犬の識字教育に力を入れるべきだ。早速コウさんにメールしよう、と私は張り切って日本に向かいました。

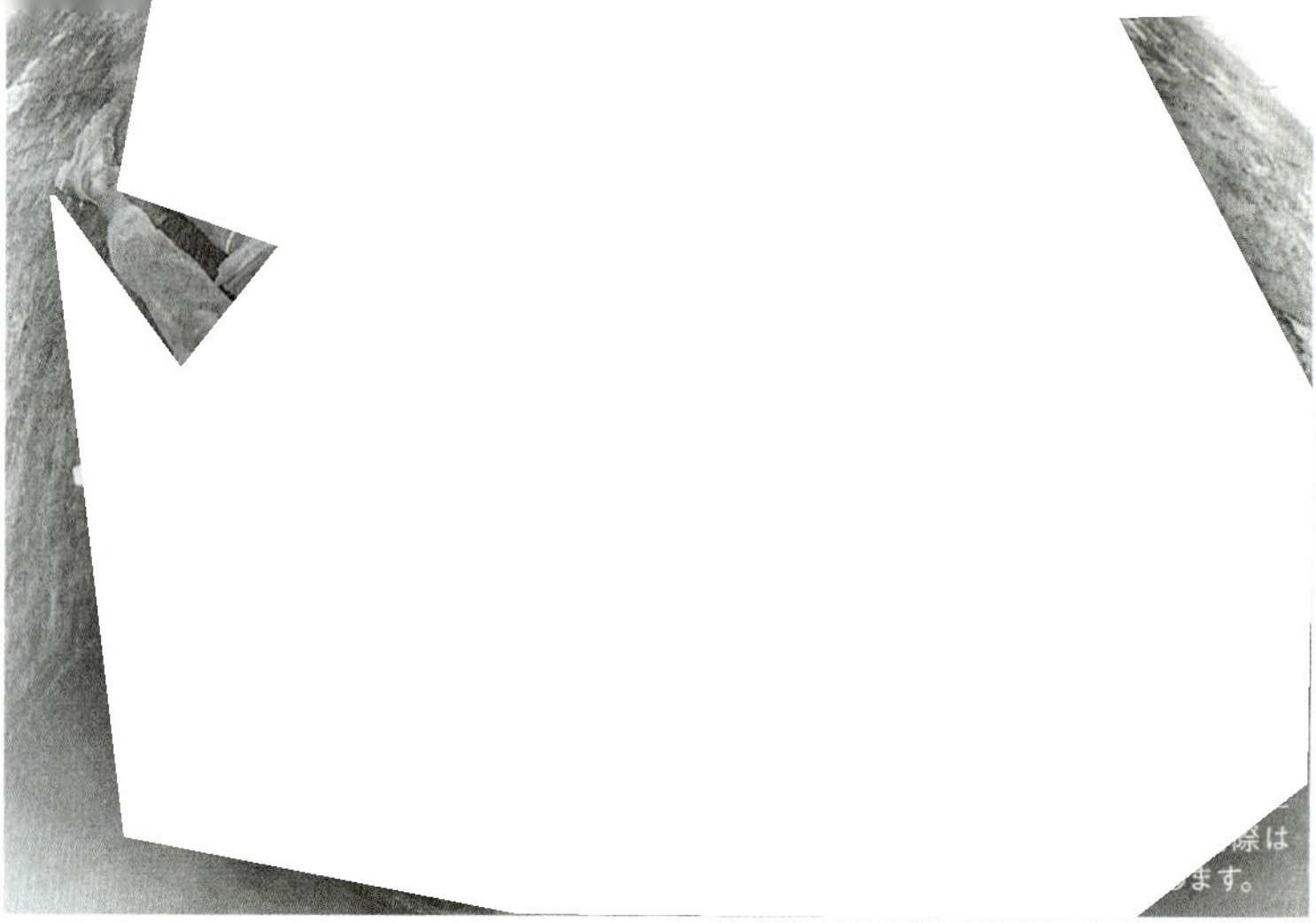

© British Waterways

運河トンネルでのレギング

「グロースター州のサイレンセスターで昼食をとった後、私たちはテムズ・アンド・セバン運河を見に行った。（中略）ここで先生はとても興味深い話をされた。それというのも、運河に造られたトンネルは一般的にいって幅が狭く、運河の入口まで船を曳いてきた馬はトンネルに入ることができず、乗員が**船の上に敷いた板に横たわり**、トンネルの側面を足で蹴って船を進行させたという話であった。（中略）馬とその付き人はトンネルの上部につけられた道を通ってトンネルの出口で待つことになる」（徳仁親王『テムズとともに』１８３頁より）

私は長野博士から寄贈された資料を整理していて、偶然これを裏付ける貴重な当時の写真を見つけたので、早速ＢＷ公社の許諾を得て、この本に転載させていただきましたが、それが上の写真です。ナローボートでは、まさに２人の乗員が板の上に横たわって壁を蹴っています。２人でそれぞれ反対側の側壁を同じキック力で後ろにレギングすれば、ボートは水路の真ん中を進行するわけです。この写真のとおりハイフィールド先生のお話は正確ですが、それから数年経って日本で御著書を執筆される時まで板のことを正確に覚えておられた殿下もさすがと敬服いたします。

The towpath along the Thames was clean, while in some other cities there were lots of dog foulings.
Why does this happen when there are numerous signs (p.99) prohibiting it? Here's the clue... When a sign says "no fouling", it's usually with a picture of dog pooping.
Imagine a poor dog who doesn't know how to read, then he'd probably look at the picture and think "Oh, I'm allowed to poop here!"
So I came to the conclusion of "okame-hachimoku" that canine literacy is essential to maintain a decent towpath.

動物たちのクルーズやおしゃれ

ペットだけでクルーズすることは、まだ世界のどの船でもできません。でも成年の保護者が同伴し操船すればペットがクルーズできる船があります。以下は犬が家族の一員と認められている英国でのお話ですから、日本のペットには読ませないでください。目に毒です。

◆まずナローボートの場合

乗合式のホテル・ナローボートやホテル・バージでは、ペットは乗船禁止。

◆大きなクルーズ船の場合

クイーン・メリー2（QM2）だけは一部の航路に限り猫と犬は乗船できます。

ダグラス・ワードさんの取材チームの調査によると、QM2はニューヨーク消防局の消火ポスト（NYの犬用）かロンドン市の街灯ポスト（英国の犬用）しか用意してないので、大西洋航路に限定しているのだそうです。それならQM2が日本に寄港したときに、彼らが日本で日常使いなれている大日コンクリート（052-201-3181）製の電柱の根本部分を69㎝か91㎝以下に切断して保護者が持ち込まれたら、日本の犬もQM2に乗船できると思います。しかし、これは犬の好みの問題も絡みますから、いつもどのブランドの電柱を使っておられるのか犬とよく話し合って決めてください。

お馬さんたちのオシャレ

© British Waterways

これはロンドンのカナル・ミュージアムで戴いた案内パンフに載っていた、英国で船を曳く牝馬の正装姿です。道草を食えぬよう可愛いマスクをしています。
そう言えば、2000年頃の日本の大井競馬場で見た風景ですが、ある厩舎の牝の競走馬は、耳の出るところを刳り抜いた麦藁帽子を被って、得意げにパドック（下見場）を闊歩していました。もちろんレースに出る時には帽子を取りますが…。私は他の厩舎の牝馬たちがさも羨ましそうな目つきでそれを見ていたのを、よく覚えています。

ペットの大西洋横断クルーズ
NewYork ～ Southampton

ペットのクルーズ料金
空調完備の上・下段各6室を用意
- 上段（69H×76W×90D）〔㎝〕
  （体重25 lbs〔注〕以下のペット）$300
- 下段（91H×76W×90D）
  （体重26 lbs〔注〕以上のペット）$500

〔注〕1 lbs（ポンド）=約0.5kg

⑴他にペットに同伴保護者クルーズ料金が必要
⑵上記はペット客室料金のみで、食事は次の時間に保護者がルームサービスでペットの客室に届ける。
8:00am ～ 10:00am、11:00am ～ 12:00pm
3:00pm ～ 6:00pm、8:00pm ～ 8:30pm

ペットは Regulation（EC）No.998/2003 かオフィシャルペットパスポートのいずれかを取得のこと

実施：英キュナード社
クルーズ代理店：クルーズバケーション
（03-3573-3601）
この取材では、同社の広報担当の方に何回もキュナード本社に照会していただきました。

このガウン、犬と交換して、あなたも着てみては…。
揃いのパンツもあるはずです。
そのパンツをはいて、このガウンをボレロ風にはおって、
尻尾の穴からはポニーテール風に箒の先など出して
青山道りを闊歩したら、絶対に注目されますよ。
なにしろあのグッチみたいに目立つ、
ＱＭ２のロゴ入りウエアですから。

クルーズの世界はチップ次第

どうです、このボーイさんの幸せそうな顔。乗船してしまえばクルーズの旅では人もペットの散歩も、あとはチップ次第の世界です。とくにリバークルーズでは客室乗務員へのチップは欠かせません。

朝キャビンで顔を合わせた客室係が、昼間には頭に白いキャップをのっけてダイニングルームで働いていたり、船の小さいリバーシップでは乗組員はあちこちに顔を出します。クルーズでは乗組員を味方にすることが大切、と言われる所以です。それで、私はチップをはずむようにしています。

私は乗船２日目の朝に、クルーズ期間中の分をまとめて祝儀袋に入れて客室内で直接手渡しします。金額はクルーズ料金の７〜８％。かなりまとまった額のチップを誰かが受け取ったときは後で班長が関係乗務員に分配するのが、この業界の掟になっています。祝儀袋は丸善で買ったものを私は使っていましたが、いまは近くの１００円ショップで買っています。祝儀袋なら私の気持ちまで伝わるかと思い、また乗組員が

Ports of Call　オランダ（Hoek van Holland）から英国（Harwich）

リバークルーズの船着場は、アムステルダムもロッテルダムも鉄道の駅と少し離れているので、その連絡はクルーズのチケットをドライバーに見せてタクシーを使います。

　欧州大陸と英国とを結ぶルートは2つあり、共に駅に着いてから発券窓口で切符を買います。

①ドーバー海峡の海底トンネルの高速鉄道でロンドン～パリ間を結ぶ。約2時間。

②オランダから国際カーフェリーで英国へ。昼・夜行便共に約5時間。

◆Hoek van Holland 駅（オランダ側）ロッテルダム駅から出ている臨港線で30分。駅のすぐ横が国際フェリーの船着場です。

◆Harwich 駅（英国側）フェリーから降りて長い渡り廊下を駅に向かうと、Harwich 駅の0番線プラットフォームに出ます。利用客は横の窓口で対面販売で目的地までの電車の切符を買います。ここは支線ですが、ロンドンまでは直通電車で1時間半。電車はたくさん出ています。

同じ店で、こちらは1枚105円

100円ショップの祝儀袋・5枚入り

シーズン後のクリスマス休みにその祝儀袋を家に持ち帰って家族にでも見せてもらえたら、それはもう望外の幸せと考えて、必ず持って行くようにしています。

　なお、現在は事前に10％のチップを一律徴収するクルーズ会社が多いですが、それは会社の収入になり、乗組員にチップとしては渡っていません。それで私は円が値上がりしていることでもあり、必ず客室係に可愛い祝儀袋に入れたチップを手渡して、そのクルーズ期間中、晴々とした気持ちで過ごせるように心がけています。

国会図書館は誰でも利用できます

　出版社は図書を出版するとその1冊を国会図書館に寄贈します。その本はメトロ永田町駅から歩いて直ぐの国会図書館に行けば簡単な入館手続きで誰でも閲覧できます。もちろん、徳仁親王の御著書も。

開館9時30分～19時、第3水曜と日祝は休館。館内ショップの利用やコピー依頼以外は一切無料。

気ままなネコが個人経営するようなホテル・バージ（クルージングB&Bホテル）

アフリカン・クイーン号は往年の貨物船・ダッチバージを改装してテムズ川に就航しているホテル・バージですが、アンディさんとお仲間が気の向いたときだけ、ほとんど趣味のレベルで提供しておられます。ネコもあきれるくらい気ままな営業で、日本で日本語で予約できるEW社のホテル・バージやマーチンさんのホテル・ナローボートとは別物だと思ってください。これだけはネバーランドさんに泣きついてもどうにもなりません。でも、ウェブサイトには営業船に必要なライセンスや保険は取得済みと書かれていますし、私が現地で取材した後の２０１０年８月20日付の英国サンデー紙でも紹介されましたから、みなさんにご紹介します。

①アフリカン・クイーン号

African Queen

映画『アフリカの女王』（１９５１年・米英合作）

簡単に説明しますと、第一次世界大戦下のアフリカが舞台、おんぼろの「アフリカン・クイーン」号がドイツの砲艦「ルイザ」号を手製爆弾で攻撃するという波瀾万丈の水上冒険活劇です。この映画でハンフリー・ボガートは主演男優賞を受賞。賞を逃したキャサリン・ヘプバーンは後に『アフリカの女王と私』を出版して話題になりました。

クルーズ No.65

テムズ川を往くホテル・バージ

アフリカン・クイーン号（14名）
スイート×1、ツイン×5、シングル×2室
平日5泊（日程下記）
£679 ～（泊単価1.6万円、1ポンド＝118円の計算で）
クリスマス3泊£280 ～

日	港（船着場）／予定
1	Mapledurham発
	Sonning-on-Thamesへ
2	Henley-on-Thamesへ
3	Readingへ
4	いったんMapledurhamに戻り
5	Goring-on-Thamesへ
6	Mapledurhamに戻り下船、解散

シーズン中は連続営業と発表
申し込みは各自でウェブサイトに

④テムズ川クルーズの風景

③クリスマス・クルーズ

②ロックを通過

⑦客室（スイート）

⑥客室の廊下

⑤リビング・ダイニングルーム

Main Course

Grilled Rib Eye Steak
Grilled Chicken
BBQ Shank of Lamb
Lamb Pie
Nixed Platter-Serves 2
Pan Fried Salmon
Prawns Peri Peri
Million Dollar Sea Food

Desserts

Traditional Dutch Milk Tart
Old Cape Brandy Tart
Cheese Cake
Ice Cream and Chocolate

バージはちょうど電車1両くらいの大きさ。バージ内部には下図のようにリビング・ダイニングと各タイプの客室、売店、洗濯機がある。

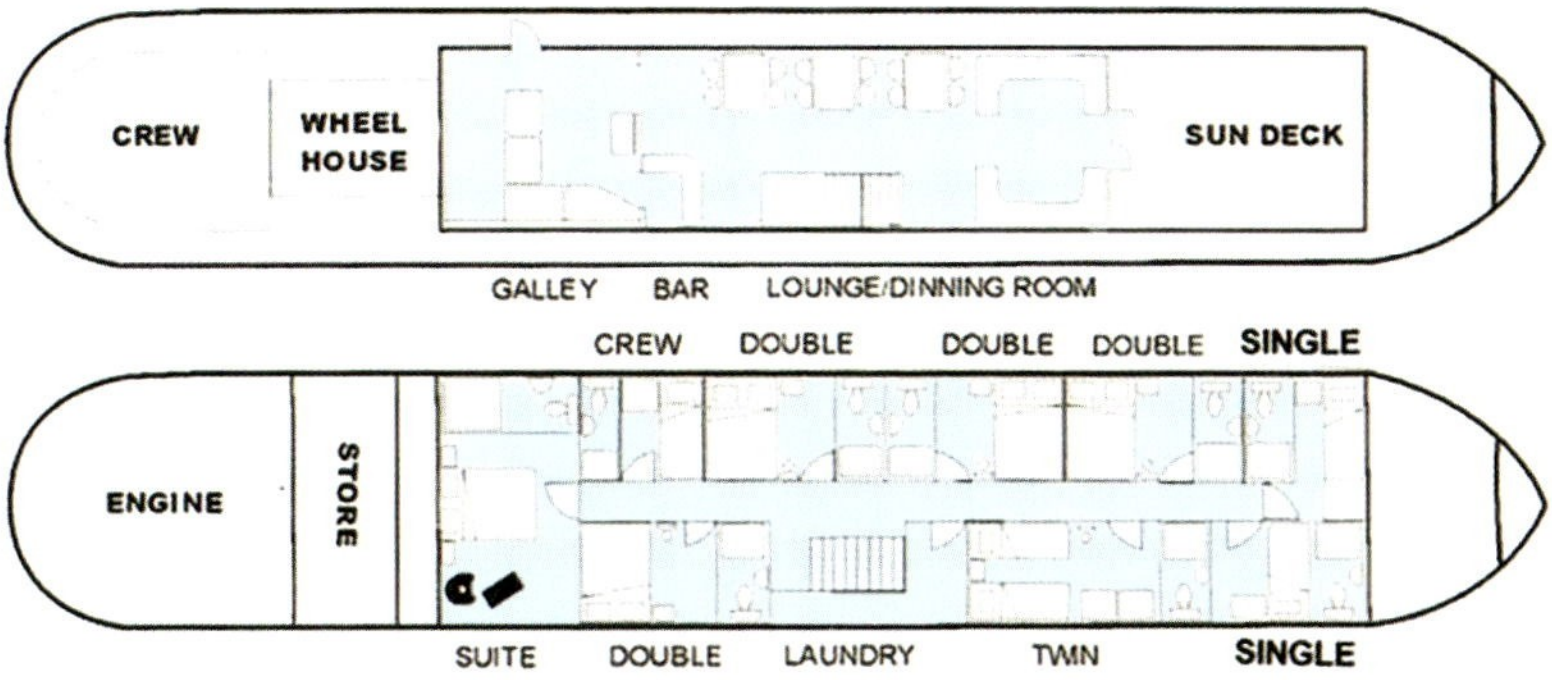

これはアフリカン・クイーン号のデッキプランだが、多少キャビンの多い・少ない、広い・狭いの差はあっても、各ホテル・バージは大体これと同じレイアウトである。

⑧

フランス

ポルトガル
スペイン
イタリア

日曜日の喫茶美術館で

中国ではジャンク、日本でははしけ、それをヨーロッパではバージと呼びます

そのバージがいま、プチホテル風に改装されてフランスの水路をクルーズしています。画家の須田剋太先生は私の恩師です。3年間、週2時間でしたが、先生は毎回、中学の正門前にある香枦園の砂浜での写生に生徒を誘いました。私は沖を通る船の絵ばかり描いていました。さて、後の1988年5月に、先生は『伊古奈・喫茶美術館によせる』という小文の中で、こう書いておられます。

「昭和四十六年から、司馬さんの『街道をゆく』が始まったのですが（中略）司馬さんが、東大阪市の宝持に大島墉君と云う真面目な青年がいて、喫茶美術館を作り須田さんの絵がかけたいと念願している。絵と音楽とコーヒーだけで、市民の憩いの場を作りたいと希望している。何んとかその希望をかなえてあげてくれないか、と云われました。願ったりかなったりで（中略）これ以上の喜びはなく、そこで三人の夢が実現したのが「喫茶・美術館」なのです。（後略）」

一九八八・五・一　須田剋太

ジャンクの絵もピンクのターバンも、その喫茶美術館の壁に掛けられています。

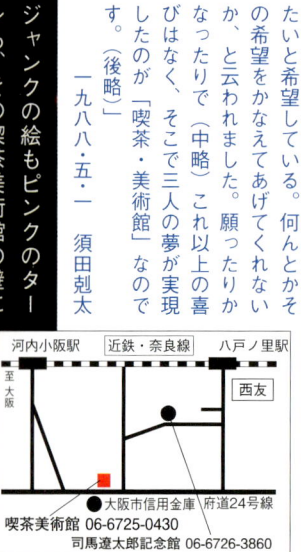

年間運航回数

区		クルーズ会社 ＼ 水域	セーヌ川	ローヌとソーヌ川〔注〕	3つの川を連続	ミディ運河系
クルーズ	世界区	バイキング社	66便	66便	57便	—
クルーズ	世界区	ユニワールド社	66便	33便	16便	—
クルーズ	世界区	AMA社	33便	40便	21便	—
クルーズ	地方区	ルフトナー社	—	○	—	—
クルーズ	地方区	ヨーロピアン・ウォーターウェイズ社	○	○	○	○
ボート・レンタル		ラ・ボート社	○	○	○	○

〔注〕ローヌ川のみのクルーズ含む

フランスの主な川と運河

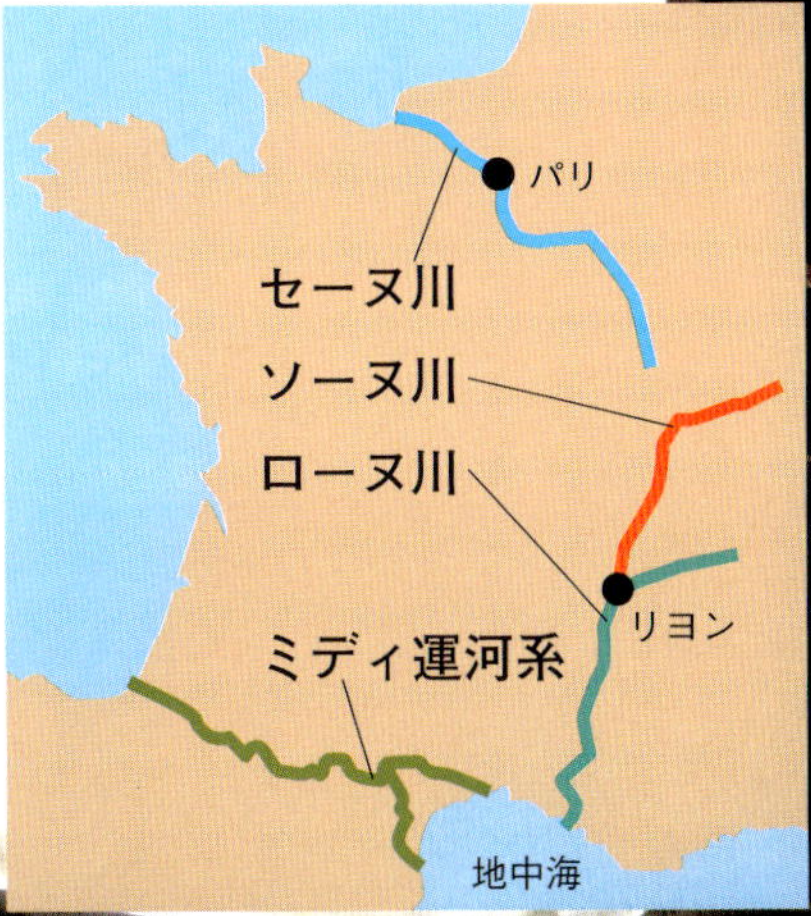

…ヌの付く川が3本とミディ運河系　フランスのメジャーの水路は簡単です

アソス号　31.2×5.2m、10／4名

　前頁の説明に戻りますが、パリのセーヌ川は誰でもご存知のはずですから、新たに覚えるのは南北に流れる**ローヌ〜ソーヌ川系**、東西に流れる**ミディ運河系**の２つでしょう。実際にはその支流があるし、運河が網の目のように伸びて、１１１頁の地図のように隣接するオランダやスイス、ドイツの各川につながっています。

　フランスの水路をクルーズする会社を前頁で表にしましたが、世界区の米系3社はライン川などと同じ米国人好みのロングシップで○○ヌ川を運航します。人気のミディ運河はホテル・バージだけが就航していますが、フォンセランヌの7段連続ロックと水のスロープ（インクライン、写真１０９頁）のように、この数年はフランスの水路の整備も急ピッチで進んでいるので、小型のロングシップがミディ運河に就航する日も近いと私は楽しみにしています。

　ミディ運河系水路は、17世紀にルイ14世が、スペインに脅かされることなく地中海と北海側とを往来するためにフランス南部に運河の建設を思いつきました。途中は既存の川を利用したり工夫もしましたが、この水路の頂き部分の水源が乏しかったこともあって、全長２４０㎞に及ぶこの運河

クルーズ No.66

ミディ運河・最新構造のインクラインとロックを風格あるホテル・バージで巡る

乗合料金 €2,950 〜, Single €3,950 〜
（泊単価　標準€492 〜, Single €658 〜）
チャーター料金　（6人乗船時）€23,600（@€3,933）
（8人乗船時）€26,400（@€3,300）
（10人乗船時）€28,800（@€2,880）

見所のフォンセランヌの7段ロックと水路のスロープ（インクライン、109頁）のどちらを利用するかは現地で船長が決めます。

日	港（船着場）／予定
1	TGVモンペリエ駅に16:00集合 ミニバスにピックアップされてアルジュリエに向かい、そこで乗船後、歓迎の晩餐
2	ポルティラーニュ、カルカソンヌなど観光
3	ベジエ、朝フォンセランヌのロック通過
4	ポワル、7段ロックやフランス最古の運河トンネルなどを通ってポイレ村で下船、観光
5	アルジュリエ付近観光、ワイン試飲
6	ソマイユ、城壁都市カルカソンヌへ
7	マルセイヤン、朝食後、下船し駅へ

日曜出発、土曜帰着、定員10名
催行頻度：5月初旬〜 11月初旬まで
アソス号が毎週連続就航

実施：ヨーロピアン・ウォーターウェイズ（EW）社
クルーズ代理店：オーシャンドリーム（042-773-4037）

の工事完成までには20年も掛かりました。ミディ運河と同様にマイン－ドナウ運河でも頂上部での水の確保には手を焼いており、現在はドナウ川から不足分を揚水してしのいでいます。ミディ運河の頂き部の水路はまだ荒れたままで、ラ・ボート社作成の直近の水路地図では、頂き付近に通行禁止標識が付いていますから、エンジン付きボートでも通過は困難のようです。でも最近、その手前まで10人乗りのホテル・バージ「アソス号」がクルーズを始めましたから、それを紹介しましょう。

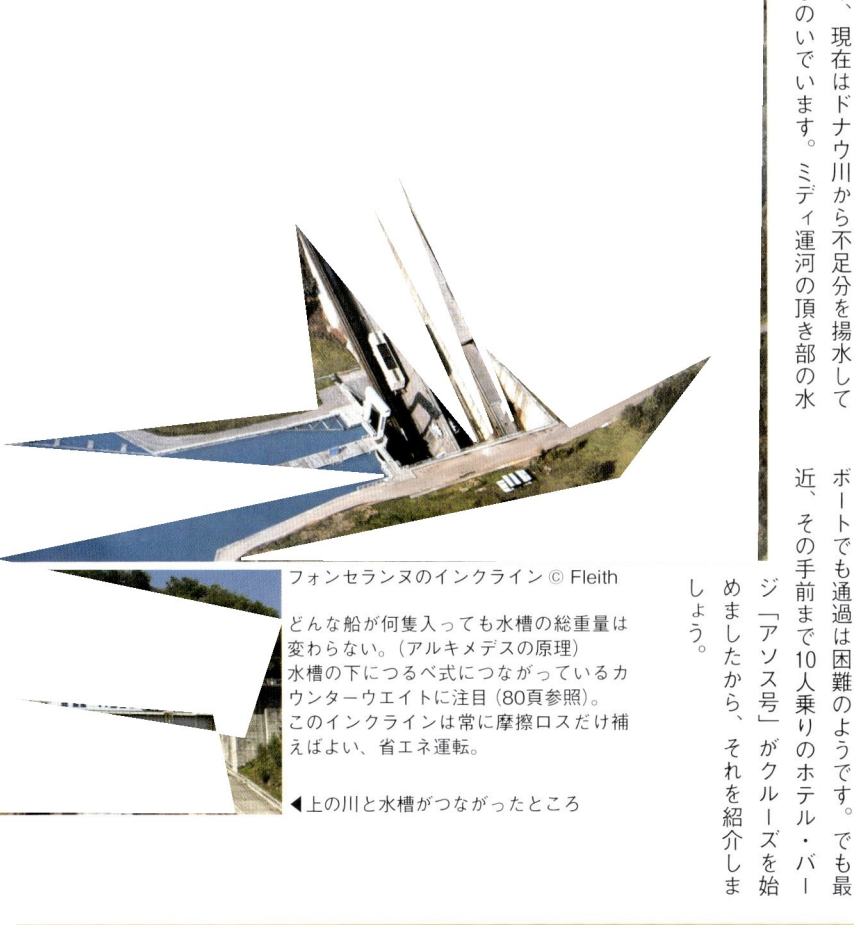

フォンセランヌのインクライン © Fleith

どんな船が何隻入っても水槽の総重量は変わらない。（アルキメデスの原理）
水槽の下につるべ式につながっているカウンターウエイトに注目（80頁参照）。
このインクラインは常に摩擦ロスだけ補えばよい、省エネ運転。

◀上の川と水槽がつながったところ

フランスの田舎を、そこに暮らすようにクルーズするのがヨーロピアン・ウォーターウェイズ社

ラ・ベル・エポック号　38.8×4.6m、12／5名、自転車（西洋人用）12台

クルーズ No.67

ブルゴーニュ地方の田舎をクルーズ

6泊乗合料金 €3,290 ～　Single €3,550 ～
（泊単価 €548 ～　Single €592 ～）
チャーター料金（10人時）€35,400（@€3,540）
（12人時）€37,200（@€3,100）

日	港（船着場）／予定
1	TGV モンバール駅に 18:04 集合 ミニバスにピックアップされて ブイユネに向かい、そこの港で乗船
2	ヴナレ・レ・ローム ⇒モンバール、散策やサイクリングを楽しむ
3	モンバール⇒ラヴィエール
4	ラヴィエール⇒アンシー・ル・フラン
5	アンシー・ル・フラン⇒レザンヌ
6	レザンヌ⇒タンレ
7	タンレで朝食後、下船、駅送

毎日曜出発・土曜帰着、定員12名
催行頻度：5月末～ 11月初め
ラ・ベル・エポック号が連続運航

企画実施：EW社
クルーズ代理店：オーシャンドリーム（042-773-4037）

ホテル・バージはリバーシップが入れない川の支流や運河のクルーズが得意です

フランスのホテル・バージと、英国のホテル・ナローボートは次の点でよく似ています。

◇田舎の風景や大自然に直に接する
◇心のこもったその地方の田舎料理をいただく
◇乗客と乗員が一つの家族になりきる

英国のナローボートのオーク・アンド・アッシュ号では、午前・午後のお茶の時間は船を木陰に停めて、乗客もマーチン船長も2人の乗組員も船べりやトウ・パスに集まって、みんなで一緒にお茶とクッキーなどをいただきます。その間は若い2人の乗員はまるで乗客の子供のよ

フランス国内の航行可能な河川と運河

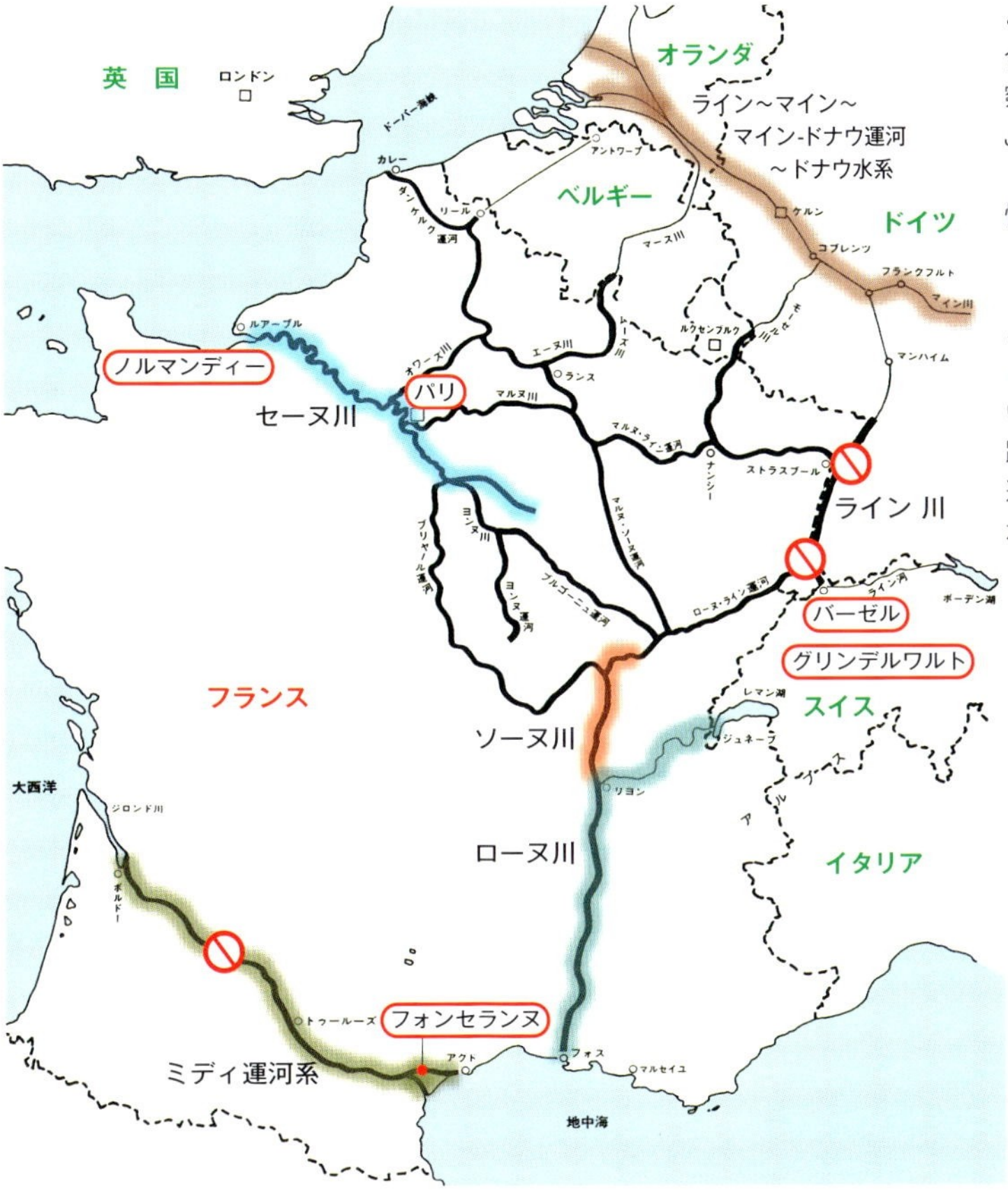

この地図は、日本内航海運組合総連合会「EC内陸水運視察団報告書1987 MAY～JUN」（非売品）37頁に掲載されている図をもとに、著者が情報を描き加えたものです。

この水域で高級モーターボートのレンタルを手広く行っているラ・ボート社の直近の水路図では、同社のボートでは通行禁止マークが付いている水路は通過できない、と注意しています。

うに振る舞っています。そのようにしてみんなの心が通い合ったところで、マーチン船長は「では先に行こうか」と船のエンジンを掛けます。

そのときの雰囲気は、船が走りだしてもその後々までキャビンに残っていて、クルーズライフをより和やかなものにしたように思えました。

右はフランスの田舎を巡るバージの旅の一例です。フォントネーのシトー会の修道院で興味深い回廊や部屋や写本室を見学したり（3日目）、欲張りな日本の女性客にも配慮しています。この会社は約25隻のホテル・バージで54コースをシーズン中ほとんど連続運航しています。ホテル・バージは乗合い式に利用する他に、全船まるごとチャーターするシステムがありますが、これは言葉や習慣の違う国の人々が混乗しないで済むので、日本人旅行者にお勧めです。なお、ほとんどの船には乗客分の自転車が積んであり、誰でも無料で使えます。でもヨーロッパの自転車はサドルを限界まで下げても私の足は届きません。いまの若い方はコンパスが長いから心配ないかと思いますが、足が届かないときの屈辱感はしばらく尾を引きます。

アマデウス・シンフォニー号　1,556tons、110×11.4m、154／40名

ローヌ川とソーヌ川のリバークルーズ

ローヌ川とソーヌ川は、リバークルーズでは一本の川のように見なして、すべての会社の船がこの水路に就航しています。世界区3社合計の就航数はシーズン中に百便を超えて、フランスではトップです。それほどこの水路の沿岸には人気スポットが散在しているのでしょう。ここでご紹介するのはオーストリアに本社のあるルフトナー・クルーズの、リヨン発着のものですが、ルフトナー社は、FIT〔注〕は飛行機のチケットを往復で手配できると有利なので、フランスでもドナウ川のクルーズでも、発着港を同じ所に設定することが多いようです。

〔注〕個人手配旅行者のこと

クルーズ No.68

ローヌ・ソーヌ川をロングシップで

7泊 €917 ～（1泊 €131 ～）
リヨン発着で２つの川を制す

日	港（船着場）／予定
1	リヨンで乗船後、歓迎パーティーや晩餐会
2	ソーヌ川方向に航行
4	リヨンに戻り市内観光
5	反転、ローヌ川方向に
6	アルル（河口）で北上
7	船長主催ガラ・ディナー
8	リヨンで朝食後、下船

催行頻度：3月末～ 11月初めまで、19便

実行：ルフトナー・クルーズ
クルーズ代理店：ICM（03-5405-9213）

アマデウス・シンフォニー号のデッキプラン

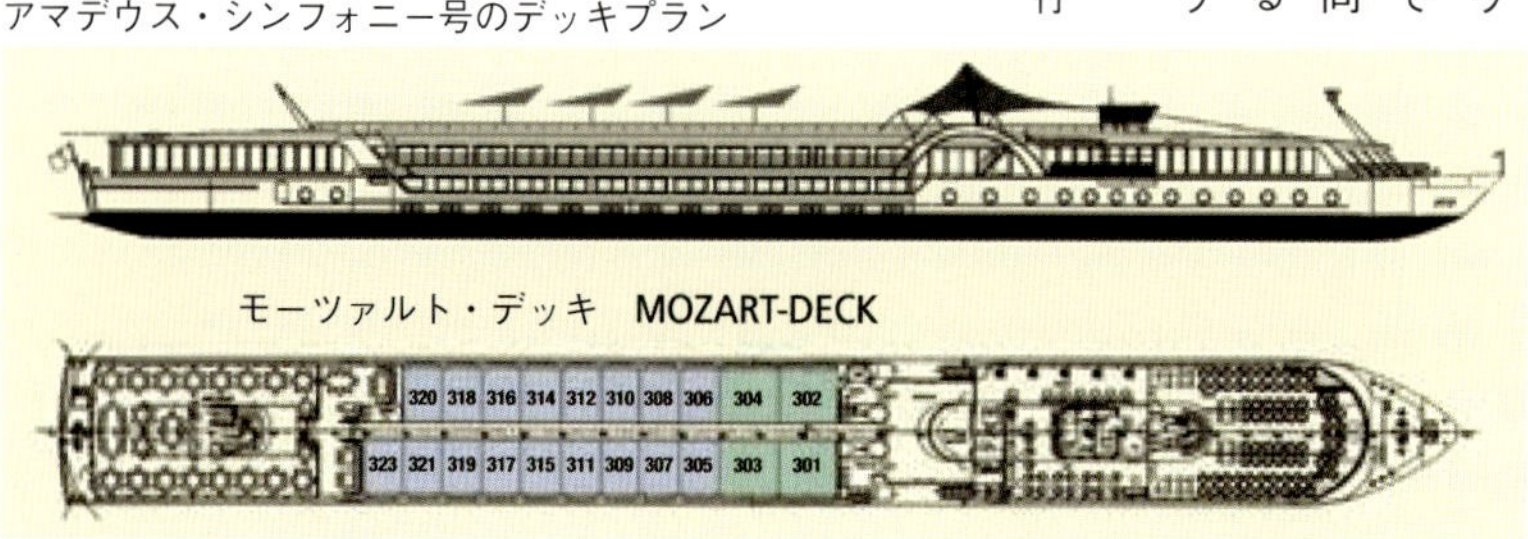

セーヌ川・ローヌ川・ソーヌ川の3つを1回のリバークルーズで征服する

世界区のメジャー3社はいずれも米国からツアーの形でお客をフランスのリバークルーズに連れて来て人気を博しています。米国人は遠いフランスにはそう再々旅行できませんから、3つの川が1つのクルーズで制覇できると好都合です。バイキング社はセーヌ川と3つの川のクルーズ合わせて年間百本以上ものツアーを運航しています。

しかしソーヌ・ローヌ川系とセーヌ川を結ぶロングシップが通航できる運河や川は今は存在しません。そこで3社は左上の地図のように乗客をソーヌ川からバスでセーヌ川に運んで、そこで別のクルーズ船に乗り換えるという方法で、3つの川を「きせる」クルーズしています。具体的に言うと、乗客はソーヌ川のシュリーシュルロワールで荷物をまとめて（バイキング・ヨーロッパ号を）下船して、バスでセーヌ川に面したパリに移動します（2時間くらい）。パリでは別のリバークルーズ船（バイキング・スピリット号）に乗船してセーヌ川のクルーズを続けるのです。

パリではセーヌ川のスピリット号を水上ホテルとして2泊できるので、乗客はパリ観光が楽しめます。ユニワールド社もAMA社の場合も、ほとんどこれと同じパターンでバスで移動します。

なおそれぞれ次の便はこの逆コースで運航されますが、料金は変わりません。

クルーズ No.69

バイキング社のフランス三都（三川）物語

14泊（ローヌ川／ソーヌ川7泊＋セーヌ川7泊）
プラス機中泊2泊　$2,311～（泊単価$165～）

日	港（船着場）／予定
1	マルセイユ空港集合 アルルで乗船
2	アルル
3	トゥルノン
4	ヴィエンヌ
5	リヨン
6	ボーヌ
7	シュリーシュルロワールで下船、バスでパリへ
8	パリ
9	コンフラン
10～11	ルーアン
12	ジヴェルニー
13	パリ
14	パリ、朝食後、下船

催行頻度：4月～11月上旬まで、34便

実行：バイキング社
クルーズ代理店：オーシャンドリーム（042-773-4037）

バイキング・ネプチューン号（ヨーロッパ号・スピリット号と同型船）114×13m、150／39名

パリの空の下 セーヌは流れる

♪ パリの空の下 ♪
作詞：DREJAC JEAN
日本語詞：菊村紀彦

パリの空の下流れる　ムームー
水に眠る夜は更ける
パリの空の下に集う　ムームー
小鳥たちの澄んだ瞳
パリの空はセーヌ
河の水面を蒼く染めて流る
魅惑の島サンルイよ　ムームー
パリの空の下にセーヌ
だけどパリはやきもち焼き
ムームー

JASRAC 出 1215729-201

平均的アメリカ人はパリに憧れていますから、バイキング社はパリを観光してセーヌ川をクルーズする左のツアーを年になんと66便、これとは別に１１３頁で紹介した三都物語がらみで67便催行しています。日本から参加するときは最寄空港で合流します。

パリ観光・セーヌ川クルーズ それにノルマンディー海岸訪問

左下のユニワールド社のセーヌ川クルーズでは、寄港地ツアーでノルマンディー海岸を訪れます。そこはご年配の米国人ツアー客お目当ての場所です。１９４４年に太平洋の遥か南のガダルカナル島や硫黄島で日本軍が全滅（玉砕）して、それをきっかけに連合国は大反撃を開始したのですが、それに相当する欧州戦線での反撃開始の激戦地がノルマンディーなのです。連合軍はDデイを期してノルマンディー海岸に反撃開始の上陸作戦を敢行し、広い海岸の一部で敵前上陸は成功しました。それをきっかけにドイツ軍をライン川のほうに押し返して、54頁に書いたようにヤルタ会談につながります。ノルマンディー海岸の近くには、欧州連合軍の戦闘勝利を記念した記念館があり、ツアーの目玉訪問先の一つになっていますが、日本人には居心地があまり良くないようです。

クルーズ No.70

パリとセーヌ川クルーズ7泊

船7泊　$1,156 ～（泊単価 $165 ～）

日	港（船着場）／予定
1	パリ空港集合、船へ
2	パリ停泊、パリ観光
3～5	途中寄港しながらセーヌ川をクルーズ
6	レ・ザンドリ
7	コンフランからパリへ
8	パリで朝食後、下船

催行：5～12月、66便

実施：バイキング社
クルーズ代理店：オーシャンドリーム
（042-773-4037）

バイキング・プライド号
123×14.1m、150／39名

クルーズ No.71

パリ・ホテルに2泊して セーヌ川クルーズで7泊

セーヌ川7泊＋ホテル2泊
St. $2,999～ Dx. $4,494
（泊単価St. $333～ Dx. $499）

日	港（船着場）／予定
1～2	パリ・ホテル泊
3	セーヌ川で乗船
4	セーヌ川クルーズ
5	ルーアン/ノルマンディーへ
6	ルーアン
7	コドゥベックアンコー
8	ベルノン
9	パリ停泊（船内泊）
10	朝食後、下船

催行：5～12月、66便

実施：ユニワールド社
クルーズ代理店：オーシャンドリーム
（042-773-4037）

ユニワールド・リバー・バロネス号
110×11.4m、120／一名

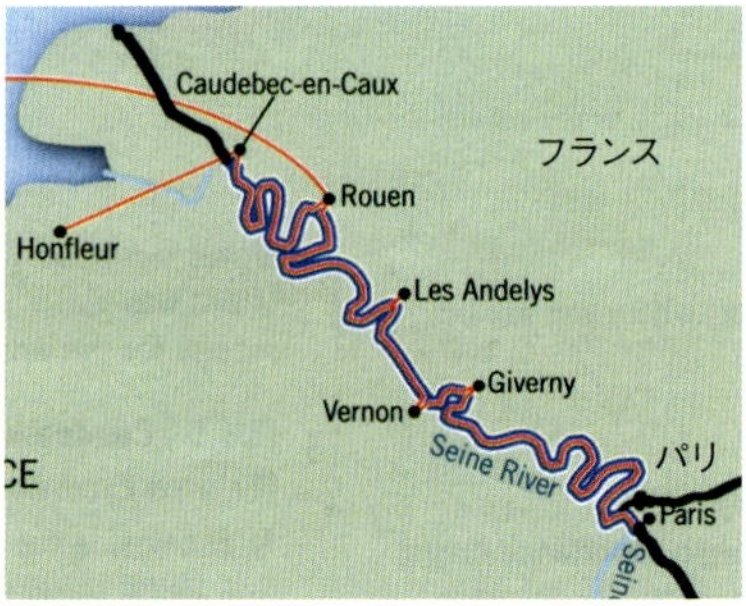

ポルトガルのドウロ川のクルーズ

ポルトガルやスペインにも大きな川がたくさんありますが、現在クルーズの対象になるのは次の3つの川です。

◇ドウロ川（ポルトガル、河口ポルト）
◇グアディアナ川（ポルトガル、アヤモンテ）
◇グアダルキビル川（スペイン、セビリア）

セビリア〔注〕はなぜか多くの海のクルーズ船が出入りする川の港で、ここの川にリバークルーズはありません。では沿岸に名跡も多いドウロ川のクルーズを紹介しましょう。

〔注〕これだけは、河口から約70km上流にある街

クルーズ No.72

ポルトガル・ドウロ川クルーズ

船上7泊+リスボンH3泊
St. $3,049〜 Dx. $4,494
（泊単価St. $305〜 Dx. $449）

日	港（船着場）／予定
1〜3	リスボン空港⇒ホテル
4	リスボン⇒ポルト、乗船
5〜7	ドウロ川クルーズ
8	サマランカ（スペイン）
9	カステロ・ロドリゴ
10	ポルト
11	朝食後下船、空港へ

催行：3〜11月、33便

実施：ユニワールド社
クルーズ代理店：オーシャンドリーム
（042-773-4037）

ドウロ川（ポルトガル／スペイン）に就航するロングシップ
ドウロ・スピリット号　79.5×11.4m、124／一名

ゴンドラだけじゃない
イタリアのリバークルーズ
―2度の大地震から立ち直るポー川沿岸―

イタリアには川と運河の舟遊びは

◇市街めぐりのゴンドラでの遊覧
◇数時間の観光船やレストラン船
◇本書でいう本格的なクルーズ船

とありますが、リバークルーズ船は最近の2度の地震の影響を受けて現在はヴェネツィアから海路ポー川を遡りポー渓谷をクルーズする1週間コースを

◆EW社のホテル・バージ（€2740〜）
◆ユニワールド社のロングシップ（€2899〜）

の2社の船でクルーズしています。

クルーズ No.73

ヴェネツィアからポー川船旅

6泊€2,740〜　ソロ €3,840〜
ホテル・バージはチャーターがお勧め
20人でチャーター　€51,150
（1人当たり料金　€2,558）
12人でチャーター　€44,550
（1人当たり料金　€3,713）

日	港（船着場）予定
1	ヴェネツィア、ホテル集合 午後遅く乗船
2	ヴェネツィア観光後、出港 海のラグーンや小島の間を縫って
3〜5	ポー川クルーズに
6	マントヴァ方面へ
7	マントヴァで朝食後、下船 ヴェネツィアまで送られる

催行：4〜10月、30便

実施：EW社とユニワールド社
クルーズ代理店：オーシャンドリーム
（042-773-4037）

素敵なプロポーズ

（1946年春、西宮市甲東園の静さん宅）
（剋太）そろそろ、正式に結婚しようか。
（静）…。あなたの絵が、日展に入選したらね。
（剋太）では静さん、モデルになってよ。
（静）…。いいわ、でも綺麗な女《ヒト》に画いてね。
『神将』みたいな絵はいやよ。
（剋太）判った。頑張ってみるよ。

（これは当時私が通っていた甲陽学院の先生方の間では公知のエピソードでした）

こうして剋太画伯は何枚も書き直した末に、静さんも気に入った一枚で、翌年秋の日展で特選となりました。

この中学校で、毎学期末に提出される、当時は一学年だけでも99人もいた生徒の絵の採点と、それを得点表に書き入れて学校に提出するのは、すべて静夫人の担当だったようです。私は提出した自分の絵を返していただくために運動場の一角にある先生のご自宅兼アトリエによく伺いましたが、静夫人は年中ほこりまみれのような剋太先生とは正反対の、この絵のとおりに清楚で子供大好きの奥様で、ときには絵の批評もしていただきました。須田剋太先生の生涯については加藤勉著『画狂 剋太曼陀羅』（邑心文庫、2003年）に詳しく書かれていますが、その中に後年の静夫人が語られた話が紹介されています。

「剋太が（西宮の家に）来る日は大変でした。何しろすごい汚れ方ですからあらかじめドラムカンを用意して、庭

生涯で絵を1枚も売らなかった**画狂**・名夫婦（高峰秀子談）の一生

岡田 静		須田 剋太
森下弥三吉（欧州航路の船長）を父に生まる	1902	
	1906	埼玉県吹上町の旧家に生まれる
大阪外国語大学・仏文科卒	1924	
（父の紹介もあり幾人かの画家に師事）	1930	熊谷中学校卒業、東京芸大を受験するが（以後4年にわたり）学校側が入学を辞退する
この頃に夫の岡田健（大阪の会社社長）病没	1939	長谷川志一郎が月100円の援助を申し出る
文展に初入選、新薬師寺で剋太と出会う		
その後、静の西宮の家を剋太度々訪問	1945	長谷川氏死去、5年間にわたるパトロンを失う
	1947	日展で『**ピンクのターバン**』が特選に
西宮市の甲陽学院教員宿舎に転居		甲陽学院中等部の美術科・常勤講師
約10年もためらった末、入籍	1955	甲陽学院退職、以後は制作活動に専念
（以後は絵筆を置き、剋太を家庭で支え、余暇には近くの幼稚園や小学校で絵を教えた）	1971	『**街道をゆく**』の挿絵の連載始まる。大反響を呼ぶ 司馬遼太郎氏とモンゴルや中国などに取材旅行 **ジャンクの絵**（107頁）もその間に制作された
	1987～	自身の絵約400点を**喫茶美術館**に無償譲渡
	1990年7月14日	神戸中央病院にて胃ガンで死去。84歳

GRINDELWALD
グリンデルワルト

INTERLAKEN
インターラーケン

で一杯に湯を沸かしておくんです。そして（剋太が）来ましたらすぐタライに一杯汲み取って行水に使ってもらい、衣類は全部ドラムカンに入れて、残りの湯でグツグツ煮出すんです。」

それにもかかわらず、後にお2人が一つ屋根の下でご一緒に生活されるようになったのですが、それは「私は剋太の絵にぞっこんラブしていたから」と、静夫人は別の機会に公言しておられます。

ライン川から古城を眺めながらスイスアルプスに登ろう！

これは私が以前から考えていたコースです。ここからの記事は、日本の旅行社の海外旅行企画担当の方に読んでいただきたいと思って書いています。なぜか、世界でこのコースを催行した旅行社はまだどこもありません。

私はオーシャンドリームの堅田社長に、ライン川クルーズでは、最後、本当にスイスのバーゼル（標高約260m）までリバーシップは登るのか、としつこく尋ねました。すると堅田社長も不安になったのか、「確かめてくる」と、2012年4月にそのクルーズに参加してバーゼルまで行って来ました。バイキング・スカイ号は海抜マイナスのアムステルダムを出発して、ライン川のバーゼル近くでは十数か所ものロックの力を借りて、無事バーゼルに着いたと、バイキング社の運航部が持っていたロックの地図も添えて堅田社長は報告してくれました。それを基に書いた、このクルーズの高低表が次ページです。バーゼルの手前にそんなに多くのロックがあるとは、これまでどこにも書かれていませんでした。

私案のこのツアーでは、地球をほとんど歩かないで、船と列車だけで3454mのユングフラウヨッホ駅まで登れるのがミソです。飛行機を一切使わないのも特徴でしょう。

さて、バーゼル駅からアルプスのふもとにある村のグリンデルワルトまではスイス鉄道と登山電車を乗り継いで2〜3時間です。私は若い頃に当時の仕事の相棒と一緒にスイス鉄道を使って13回もそこに行った経験があり、その都度3、4泊していますから、グリンデルワルトはわが村のように熟知していますが、「世界でいちばん天国に近い村」だとの印象を持っています。

外国での鉄道切符の買い方

バーゼルからスイスアルプスの入り口のインターラーケン駅までは約2時間くらいですから、東京駅から在来線で小田原駅まで行く感じです。運賃も似たようなものです。列車はJRのように各タイプのものが頻繁に出ていますから、日本で予約する必要はなく、バーゼル駅の窓口で次に来る列車の中から好みの列車を探して、その切符を買えばいいでしょう。バーゼルにはスイス連邦鉄道（SBB）もフランス国鉄（SNCF）もドイツ鉄道（DB）も乗り入れていますから、間違えずにスイス鉄道の駅に行ってください。グリンデルワルトへ行くにはシーズンによって途中で列車を乗り替える場合がありますが、それは切符に記されているか、発券するときに教えてくれます。駅の窓口で、怪しげな外国語をしゃべる必要はまったくありません。相手は、あなたが切符を買うために窓口に来た人だとわかっていますから、目的地を正確に伝え、後はクレジットカードを渡すかスイスパスを見せるだけで済みます。この頁上の地名を、どちらか指さして相手に見せるのが、いちばん確実かつ簡単です。

巻末特集

オランダからライン川をリバークルーズして、スイスアルプスに登ろう。そして帰りは…して大阪に帰るっていかがですか！

◀グリンデルワルト駅前にある日本語観光案内所
Home Page=http://www.jibswiss.com/　Email=info@jibswiss.com

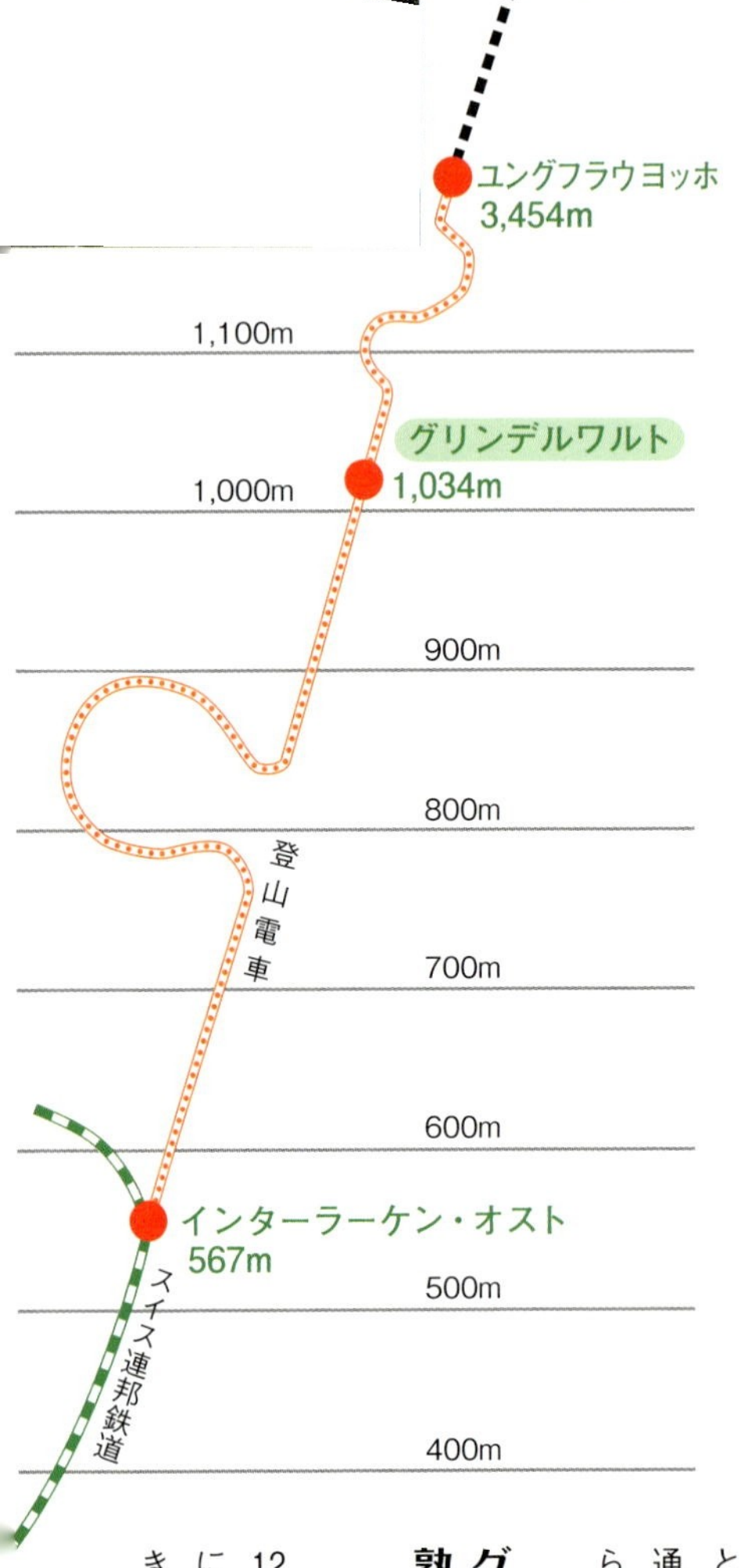

日本人のヨーロッパ旅行ベストテンに

◇オランダの風車と運河めぐり
◇スイスの高原とアルプスの遊覧
◇ライン川沿いの古城観光

の3つは必ず上位を占めます。

ライン川は水源がボーデン湖の遥か上流のスイス国内にある長い川ですが、下流からバーゼル港までリバークルーズできます。いま挙げた3つを1つのクルーズに織り込んだツアーはなぜかまだありません。不思議です。

バーゼルで下船した乗客のほとんどは、クルーズ会社が用意したバスで空港に向かい、帰国の途につきます。みなさんは信じられないかもしれませんが、**バーゼル駅からスイス連邦鉄道でアルプスには約3時間**で行けるのです。左の地図はオランダからユングフラウまでの高低地図です。

①オランダの港で乗船し、ライン川クルーズを楽しみます。
②終点のバーゼル港で、隣のバーゼル駅からスイス連邦鉄道に乗り換えます。
③インターラーケン・オスト駅で登山電車に乗り換えて
④ユングフラウ（4158m）の直下のユングフラウヨッホ駅（3454m）まで座って行けます。
⑤山麓のグリンデルワルトのホテルに落ち着いてから周囲を散策します。

もっといいことがあります。もしあなたが**日本の旅行社でスイスパスを買っていく**と、バーゼルから先のスイス連邦鉄道や登山電車の料金はスイスパスでカバーされます。つまりスイスパスを日本で買って行くと、船同様にほとんどの陸上の交通費はインクルーシブで旅が続けられるというわけです。

グリンデルワルト辺りを熟知した、私のお勧めです

私は現役時代に仕事の関係で、12年間毎年、数日グリンデルワルトに滞在し、その後もう一回、そのときの相棒を弔うために訪問しました。

トゥーンで下車して、トゥーン港から湖遊覧船でインターラーケンへ行くこともできる。スイスパス所持者はバーゼルからグリンデルワルトまでの交通費は不要。グリンデルワルトから先の山岳鉄道は割り引き。

スイスパス	2等4日用	約26,000円
	8日用	約37,000円

必ず日本の旅行社で購入のこと。

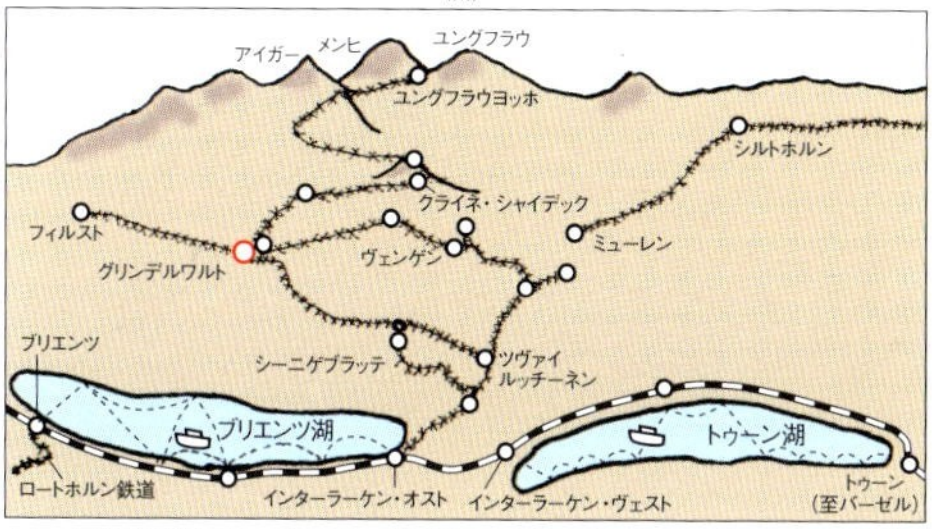

トゥーン湖の観光船：シーズン中は、9隻がトゥーン港～インターラーケン・ヴェスト港間に就航し、途中5～7港に寄港して毎日9往復、片路約２時間。レトロな外輪蒸気船は1隻で、日に1往復だけ。スイスパス所持者は何回でもフリー乗船できる。

オランダ⇔バーゼル（スイス）の
年間（4～10月）クルーズ催行回数

◎バイキング社	（船内7泊）	48便	$1,056～
◎ユニワールド社	（船内7泊）	34便	$2,249～
◎AMA社	（船内7泊）	36便	$2,199～
◎ルフトナー社	（船内7泊）	21便	€924～

クルーズ No.74

オランダ運河・ライン川クルーズ

船7泊　$1,056～　シーズン$2,556～
バイキング・スカイ号　シーズン中 48便

日	港（船着場）／予定
1	アムステルダム空港⇒港
2	キンデルダイク風車観光など
3	ケルン、ゴシック寺院など観光
4	コブレンツ観光後クルーズに
5	ハイデルベルク観光
6	ストラスブール観光
7	ライン川、船上より眺める
8	バーゼル、ランチ分までお腹に詰めてから下船、隣のSBBバーゼル駅へ

実施：バイキング社
クルーズ代理店：オーシャンドリーム
(042-773-4037)

（一服してから）

8	バーゼル駅11:01発スイス連邦鉄道（SBB）でインターラーケン・オスト経由　登山電車で14:00頃グリンデルワルト駅着

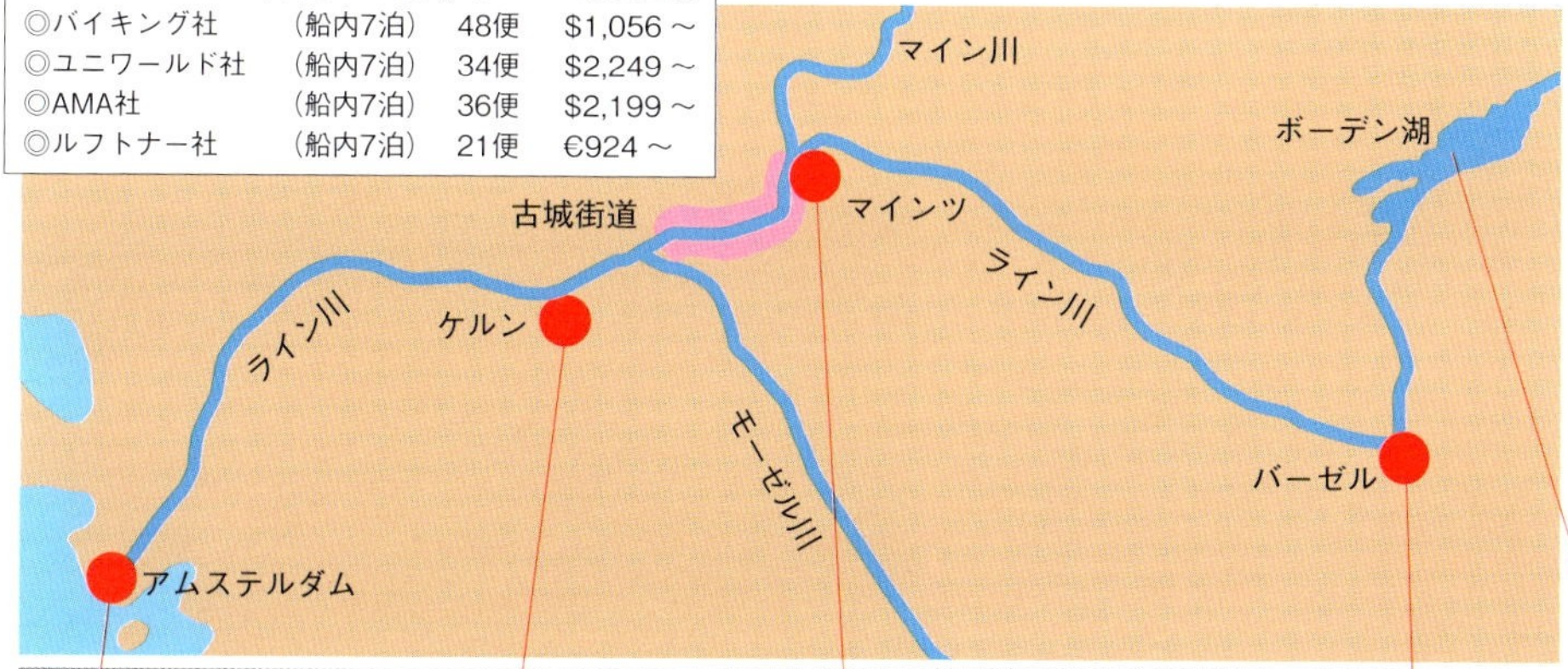

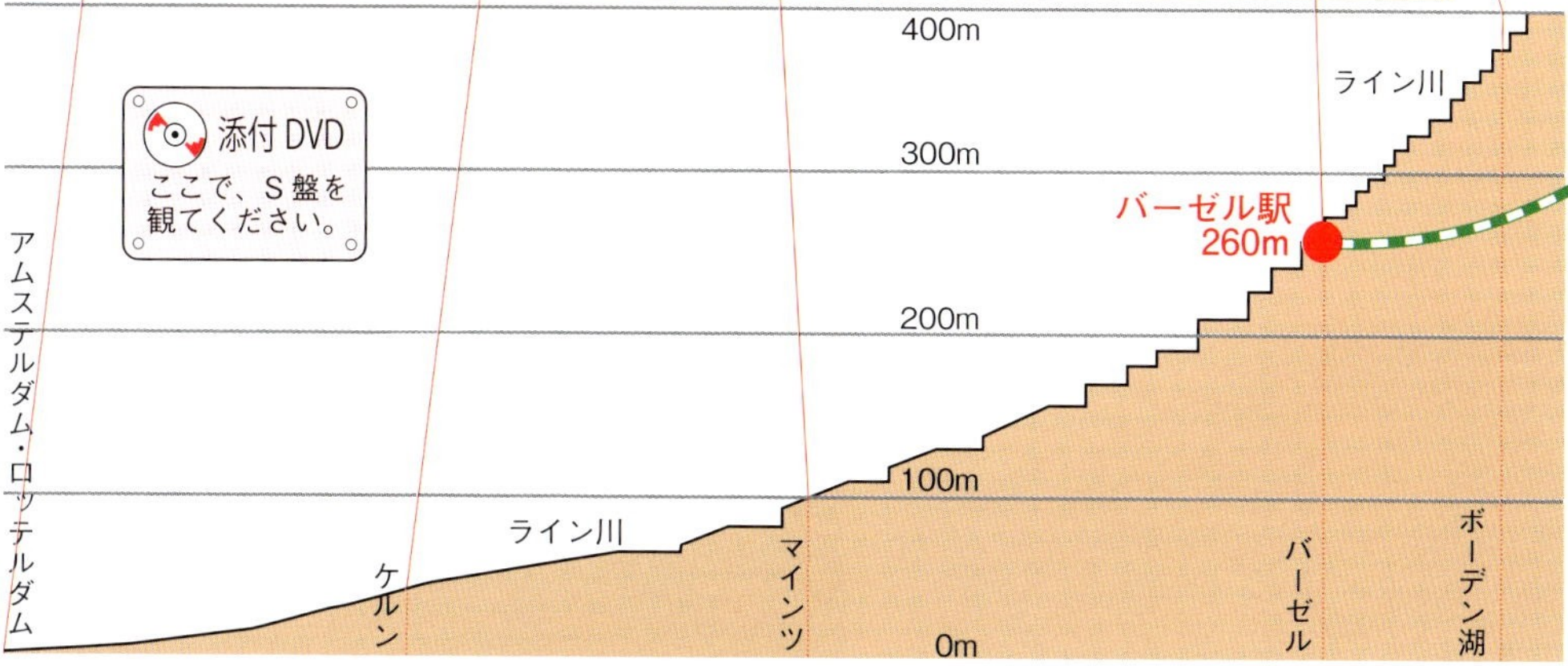

地方区の気品ある アマデウス・プリンセス号での アムステルダム～バーゼルの クルーズですが…

地方区のルフトナー社のアマデウス・プリンセス号がライン川上流をクルーズしているところと、そのデッキプランを20頁に掲載しましたが、この船は見るからに気品が感じられます。世界の船会社のパンフには、いまでも

◇乗組員はホワイトです、とか
◇乗組員はインターナショナルです、とか

書いてあるのをよく目にします。「ホワイト」とは東欧出身の人のことで、次の「インターナショナル」とはホワイトでない、つまり中南米・ヒスパニック、東南アジア系の乗組員であることを意味します。

地方区のライン～ドナウ川系の船は乗っていて肩が凝ります。ピンと張りつめたような船内の雰囲気を乱してはいけないと、私などはどうしても緊張して過ごすからでしょう。

こんな例があります。初代飛鳥を買ったドイツの某社は船内をドイツ人好みの、清潔で質実なクルーズ船に仕立て直して、2013年に世界一周の海の船旅に出掛けます〔注〕。乗組員は全員ドイツ語圏の「ホワイト」で、それで初代飛鳥（新船名アマデア）は立派に品位あふれるクルーズ船に変身しました。

それに言語のハーモニーの問題もあります。あるとき10人ほどの日本人団体ツアー客が外から船に戻ってきて、コートも脱がずに、他の乗客がくつろいでいるロビーの一角に座ってガヤガヤ。するとその中の日本人添乗員さんが立ち上がり、明日の予定か何か連絡事項を大声でしゃべり出したのです。私のひがみかも知れませんが、英語でなくてもスペイン語やイタリア語があちこちで交わされていても、それはオーケストラの演奏のように互いに調和して遠いざわめきのように聞こえるのですが、そこに東洋の言葉が加わると、調和せずに浮かび上がって聞こえます。ロビー内の雰囲気は一変します。それまで趣味の刺繍をやっていた老婦人が自分のキャビンに戻ってしまうこともあります。気前の良い散財ぶりには関心を示しつつも東洋人を固辞し続けるア・ローザ社の気持ちがよくわかる一幕です。

〔注〕クルーズ代理店　マーキュリートラベル
（045-664-4268）

アマデウス・ロイヤル号（プリンセス号の姉妹船）
1,566tons、110×11.4m、136／40名

クルーズ No.75

古城を眺めてバーゼルへ クラシック音楽を鑑賞しながら

7泊

ハイドン・デッキ	€924～	(泊単価 €132～)
シュトラウス・デッキ	€1,791～	(€250～)
モーツァルト・デッキ	€1,673～	(€239～)
同スイート	€2,058～	(€294～)

日	港（船着場）／予定
1	アムステルダムで乗船後 歓迎カクテル晩餐会、音楽で歓迎
2	アムステルダム市内観光
3	ケルン市内散策後ボンへ
4	コッヘム
5	コブレンツ
6	スペイヤー
7	ストラスブール
8	バーゼル、朝食後、下船

年23回催行だが増便予定とか…。

実施：ルフトナークルーズ社
クルーズ代理店：ICM（03-5405-9213）

外国船内では大声で日本語の会話をするのは控えませんか

◆ニッコウトラベルなど、日本の旅行社がチャーターする船の海外クルーズでは別ですが

◆外国人旅行者と乗り合い（相乗り）する海外船のクルーズでは、キャビン外では夫婦の間でも**大声**で日本語の会話をするのは差し控えませんか。

日本の街角やレストラン等で外国人が声高に自国語で話していますが、日本人の誰だって、それは気になります。いっそ帰国してくれたらなあ、と心の中では願っていたりして…。ア・ローザ社の船に東洋人が乗せてもらえないのは、ドイツ人のそういった思いが集積したのではないでしょうか。人権なども絡んで複雑な問題ではありますが、みなさまにお計りする次第です。

ア・ローザ社のパンフ表紙
貼ってあるラベルはドイツの旅行代理店のものです。

バーゼルと各地からのリバークルーズ

スイスは世界で好感度No.1の国と見えて、ライン川沿岸都市からだけではなく
◆ドナウ川から運河で越えてバーゼルに来る
◆ライン川からモーゼル川に寄ってからライン川に戻りスイス・バーゼルに来る
とバラエティーに富んでいます。しかし人々はバーゼルで下船すると、そのまま空路帰国するか、足早にチューリッヒなどのメジャー都市に向かいます。バーゼルからスイスアルプスに向かう人は、まずいません。誰もリバークルーズとアルプス山麓のトレッキングがひとつの旅で味わえるとは考えないのです。

ライン川やドナウ川のロックの数は？

堅田さんはバイキング社からライン川のロックの詳細図も手に入れて帰って来られましたが、それをまとめたのが119頁の高低地図です。バーゼルから下流に十数段、バーゼルから上流のボーデン湖までさらに11段のロックがあるそうです。ただしライン川やドナウ川のロックの中には増水期、渇水期には船は素通りするだけのものもあり、それを数えるか否かで発表されるロック数は変わります。

クルーズ No.76

ウィーンで水上ホテルとして2泊し マイン-ドナウ運河を通過してバーゼルへ

船14泊$5,199～（泊単価$371～）
ユニワールド社　リバー・カウンテス号

日	港（船着場）／予定
1	ウィーン乗船後、歓迎晩餐会
2	ウィーンに停泊、ゆっくり観光
3	バッハウ渓谷クルージング
4	パッサウ
7	マイン-ドナウ運河通過
8	前夜から続けてニュルンベルク泊
12	ミルテンベルク
14	ストラスブール
15	バーゼル、朝食後、下船

催行頻度：4～11月に9便程度

実施：ユニワールド社
クルーズ代理店：オーシャンドリーム
（042-773-4037）
（当然、この逆コースもあり）

クルーズ No.78

ブカレスト（ルーマニア）からバーゼルへ

船27泊$9,399～（泊単価$248～）
ユニワールド社　リバー・カウンテス号

日	港（船着場）／予定
1～2	ブカレスト観光、ホテル泊り
3	ジュルジュに移動、乗船
4～5	ルセ
7	鉄門峡谷を通過
11～12	ブダペスト
15～16	ウィーン停泊
18	パッサウ
20	レーゲンスブルクなどに寄港
22～23	ニュルンベルク
29	バーゼル、朝食後、下船

催行頻度：年に3便程度実施

実施：ユニワールド社
クルーズ代理店：オーシャンドリーム
(042-773-4037)

クルーズ No.77

アムステルダム発 モーゼル川寄道バーゼルへ

船12泊$4,199～（泊単価$350～）
ユニワールド社　リバー・クイーン号

日	港（船着場）／予定
1	アムステルダム乗船後、観光
2	アムステルダム観光
6	コッヘム、モーゼル川クルーズ
7	トリアーかコンツ停泊
8	モーゼル川下り
9	古城を眺めながらライン川を上る
11	ストラスブール
12	ブライザハ
13	バーゼル、朝食後、下船

催行頻度：4～11月、12便程度
（リバースの下り便も合わせて）

実施：ユニワールド社
クルーズ代理店：オーシャンドリーム
(042-773-4037)

タビトモ　スイス
¥1,200　JTBパブリッシング刊
用紙も厚く現地に携行するにも適した内容充実のガイド本です。

グリンデルワルトは天国にいちばん近い地球の楽園です

私は仕事で世界の各地に滞在しました。それも東欧・中南米・東南アジアなどの旧植民地が中心でした。それらの国には宗主国の人が競馬とクルーズとゴルフを持ち込みました。あのミャンマー（旧ビルマ）でも、アマゾン上流でも、地方色豊かでしかもキュートなリバークルーズが現在も運航されていています。

プリエンツ湖遊覧船

ボーデン湖遊覧船

世界中を渡り歩いた私が、天国にいちばん近いなあと思った場所が2つあります。それは

◆グリンデルワルト
◆南太平洋の国々（島々）

の2つです。とくにグリンデルワルトはスイス政府のセンス溢れる次のような観光重視政策（とくに対日本人）により、ますます磨きが掛かっているように見えます。

○グリンデルワルトでの新規開発を一切制限していること

私がよく訪れた40年前と同じです。変わったのはスイス色の真っ赤なくずかごの数が増えたこと。花畑のそこだけ舗装された遊歩道の両脇に約50m毎に真っ赤なかごが設置されています。頻繁に回収の小型電気自動車が回ってきます。

○スイスパスを発行したこと

これは前述のようにスイス中の官・私の全鉄道と一部の登山電車や湖の遊覧船に有効期間中は**乗り放題**。パスは二等ので充分です。遊覧船に普通一等室はありませんし、電車の一等車両は編成上の最前部にあるのでプラットホームに先に着くだけです。それを日本のある旅行社では「一等は早く着きますよ」などと言って売り付けることがあります。（折り返し便ではいちばん後にホームに入ります！）

○グリンデルワルトは、まるで鉄道や遊覧船のテーマパークになっていること

①氷河特急、②ベルニナ特急、③ゴールデンパスライン、④ウィリアムテル特急の4つは滞在4日間のうちに全部乗ります。

山麓のグリンデルワルト村にゆっくり滞在して、付近のトレッキングやアルプス登山を楽しむのがここへの旅行のコツです。登山電車のグリンデルワルト駅前に、安東所長ご夫妻が経営されるグリンデルワルト日本語観光案内所という名の旅行社があり、ここに「安いホテルを」とか「風格あるスイス校倉造りのを」とか、あなたの好みを日本から日本語メールで伝えて、ホテルを予約できます。外国人に人気の貸し別荘（土曜午後チェックイン、翌週土曜午前チェックアウトが普通。この概要は添付DVD・S盤に収録）もホテルと同じようにここで予約できます。また、スイスパス所有者なら、割引価格で登山電車のチケットを、混みあう窓口でなくここで購入できるのも便利です。バーゼル発着のリバークルズの切符の手配もここで出来るようにしませんかと、私は安東所長にお願いしているところです。

さて、グリンデルワルトで過ごした後、日本に帰るルートですが…

多くの旅行者は、この後どこかの空港から日本に向かいますが、日本に帰るには飛行機に乗らなくても次のような野趣あふれるルートがあるので、紹介しましょう。

◆帰りも出来るだけリバークルーズを利用して、日本に向かう方法

往きにオランダからライン川をクルーズしてバーゼルまで来たのなら、帰りはバーゼルからドナウ川方面へリバークルーズして日本に向かうのがこのルートです。バーゼルからドナウ川方面へは、毎日のようにどこかのクルーズ会社の便が出ていますから、バーゼルからドナウデルタ方面へ船で行けるところまで行きます。たとえばクルーズNo.78（123頁）でブカレストまで行くなら、ブカレストからは鉄道でオデッサ（ウクライナ）まで出るのです。オデッサへ行けば、たとえばクルーズNo.52（63頁）など、キエフ（ウクライナ）までのクルーズ便がたくさん出ています。そうしてキエフまでたどり着くと、日本はすぐ先ですから、私や石川先生はもう日本に帰ってきたのと同然の、ホッとした気分になるくらいです。

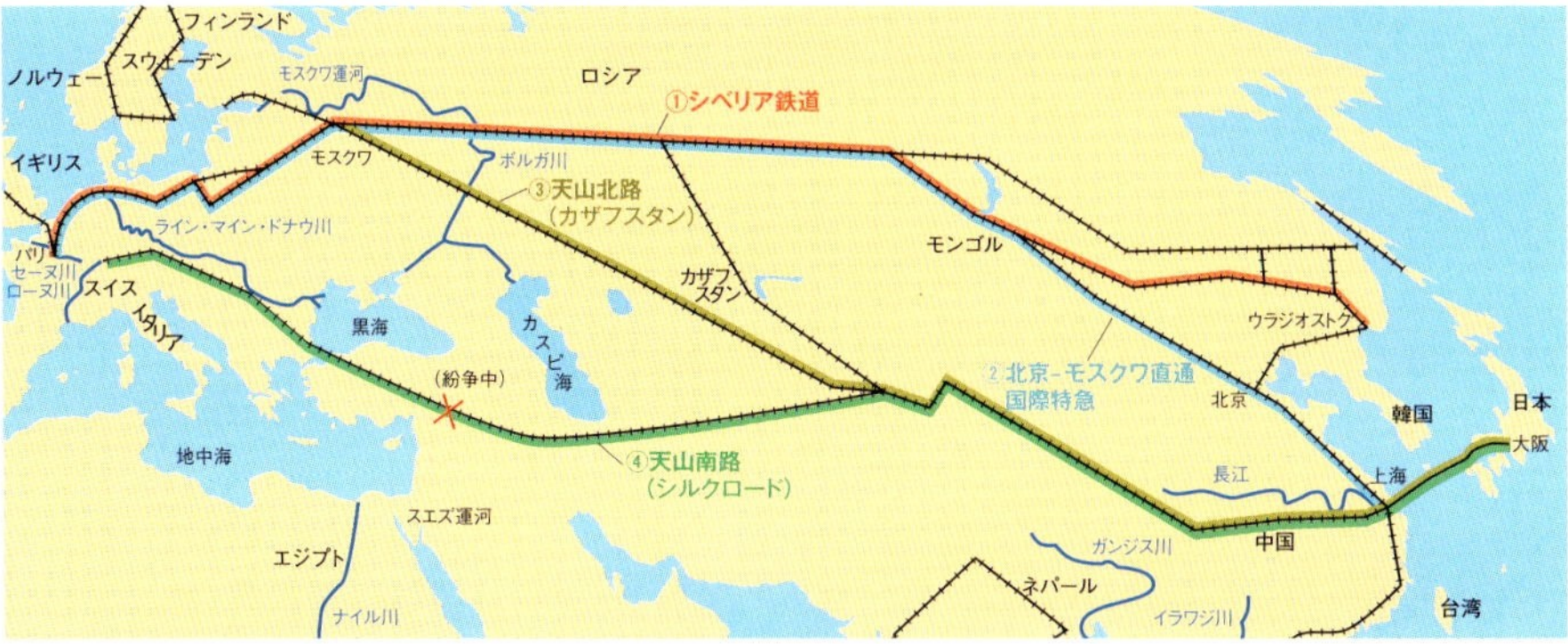

◆スイスから鉄道でウラジオストクや上海に出て、その後は国際フェリーで関西に帰る方法

スイスからモスクワまでの鉄道切符は、インターラーケンやバーゼルのスイス国鉄の駅で、途中通過国のビザを持っていれば簡単に買えます。途中の乗り換え駅や接続時刻などは切符に添付されたシートにていねいにプリントされています〔注〕。そしてモスクワではホテルベガに泊まれば、ホテル内の旅行社で、ビザがあれば上の地図の①か②のどちらかのコースでの、ウラジオストクや北京、上海などへの国際列車の切符が、これも簡単に購入できます（41頁）。

以上2つに共通の応用コースですが、北京から上海などに向かわずに、高速列車でいったん重慶に出て、長江グランドクルーズで重慶から上海までクルーズすると、上海では同じビルから発着する日中国際フェリーで大阪に帰って来れますが、これなどはもうクルーズオタクの間でも、ギネスブックもののコースです。

〔注〕ヨーロッパ／ユーラシア大陸での鉄道旅行では、それが何日目のどの国の標準時刻のものなのか、わからなくなることがよくあります。私は、日めくりカレンダーに時刻と駅名を書き込んでおいて、寝台車で朝を迎えると、前の日のを破ることにしていますが、これなら確実で便利です。

シベリア鉄道で日本に帰るなんてあまりにもクラシックな方法ですが…

125頁の地図で、①や②の鉄道ルートは1900年代の初めに林芙美子も森鷗外も与謝野鉄幹・晶子も利用したコースで、今では小学生でも使うあまりにも平凡なルートです。この②は2000年になって現れたルートで、モスクワ~北京を結ぶ国際特急ですが、①②とも直通列車です。

②はモスクワから途中まで①と同じ線路の上を東に走りますが、私がいつも思考に耽るバイカル湖畔の南を過ぎた辺りで、列車は急遽南下してモンゴル経由で北京に向かいます。北京から天津（高速鉄道で30分）に出てそこから神戸港へ、あるいは北京から上海へ高速鉄道で出れば（5~7時間）、上海港から大阪港まで日中フェリーで横になって帰って来れます。この中ソ間国際列車はロシア純正の編成列車と中国純正の編成列車が交互に運行〔注〕していて、2009年にウラジオストク~新潟間の国際フェリーが廃止された今は、この②が主ルートになっています。

〔注〕車両も乗員のサービスも食堂車のメニューまで、その国オリジナルの国際列車です。中国純正の方をリスペクトする人が圧倒的に多いようです。

	国土面積（㎢）	人口（千人）	人口密度	GDP（兆円）
日本	378,000	128,000	339	540
カザフスタン	2,717,300	16,026	6	13
カザフスタン／日本	7.2倍	0.12倍	0.02倍	0.02倍

アラスカ州はカナダの北の米国の飛び州。アラスカは1867年に米国が当時財政難のロシアから購入しました。
購入価格720万ドル
アラスカ州の面積1,718,000㎢
1エーカー（4,047㎡）当たり2セント
この例にならって、日本もカザフスタンから370,000㎢ほど有償で分けてもらってはいかがでしょうか。

125頁の地図で、③と④はいわゆるシルクロード寄りの鉄道乗り継ぎルートで、いずれもカザフスタンを通ります。手元に残っている私の旅程表を小さく下に載↗

↗していますが、ワルシャワ（丘を長々と航行する観光船撮影の下見）とウルムチ（④のシルクロード経由のルートの調査）以外は現地旅行社で切符を受け取るための滞在です。

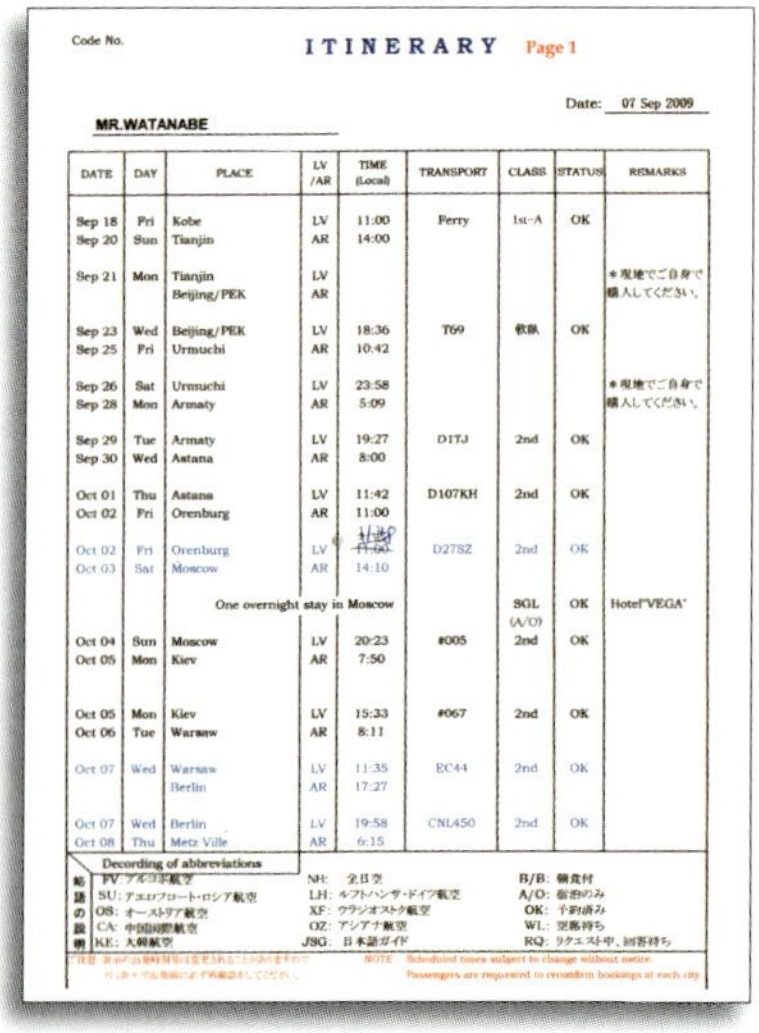
Code No.

ITINERARY Page 1

Date: 07 Sep 2009

MR.WATANABE

DATE	DAY	PLACE	LV /AR	TIME (Local)	TRANSPORT	CLASS	STATUS	REMARKS
Sep 18 Sep 20	Fri Sun	Kobe Tianjin	LV AR	11:00 14:00	Ferry	1st-A	OK	
Sep 21	Mon	Tianjin Beijing/PEK	LV AR					＊現地でご自身で購入してください。
Sep 23 Sep 25	Wed Fri	Beijing/PEK Urmuchi	LV AR	18:36 10:42	T69	軟臥	OK	
Sep 26 Sep 28	Sat Mon	Urmuchi Armaty	LV AR	23:58 5:09				＊現地でご自身で購入してください。
Sep 29 Sep 30	Tue Wed	Armaty Astana	LV AR	19:27 8:00	D1TJ	2nd	OK	
Oct 01 Oct 02	Thu Fri	Astana Orenburg	LV AR	11:42 11:00	D107KH	2nd	OK	
Oct 02 Oct 03	Fri Sat	Orenburg Moscow	LV AR	~~11:00~~ 1:30 14:10	D278Z	2nd	OK	
One overnight stay in Moscow						SGL (A/O)	OK	Hotel"VEGA"
Oct 04 Oct 05	Sun Mon	Moscow Kiev	LV AR	20:23 7:50	#005	2nd	OK	
Oct 05 Oct 06	Mon Tue	Kiev Warsaw	LV AR	15:33 8:11	#067	2nd	OK	
Oct 07	Wed	Warsaw Berlin	LV AR	11:35 17:27	EC44	2nd	OK	
Oct 07 Oct 08	Wed Thu	Berlin Metz Ville	LV AR	19:58 6:15	CNL450	2nd	OK	

Decording of abbreviations
略語の説明
SU: アエロフロート・ロシア航空　NH: 全日空　B/B: 朝食付
OS: オーストリア航空　LH: ルフトハンザ・ドイツ航空　A/O: 宿泊のみ
CA: 中国国際航空　XF: ウラジオストク航空　OK: 予約済み
KE: 大韓航空　OZ: アシアナ航空　WL: 空席待ち
JSG: 日本語ガイド　RQ: リクエスト中、回答待ち

NOTE: Scheduled times subject to change without notice.
Passengers are requested to reconfirm bookings at each city.

アルマトイ駅3番線に到着した国際特急列車から降りた乗客は、各車両の下に1か所設けられている、幅1m・高さ80cmほどの空間（トンネル）をくぐり抜けてこちら側のプラットホームに向かいます。間の1番線、2番線には気を付けて。ホームの端には木製の跨線橋がありますが、踏板は腐っていて、いまは使われていません。白いシャツの人が、列車の下をくぐり抜けて立ち上がった瞬間を撮ったのがこの写真です。約20mごとに銃を持った兵士が警戒している中での撮影には苦労しました。

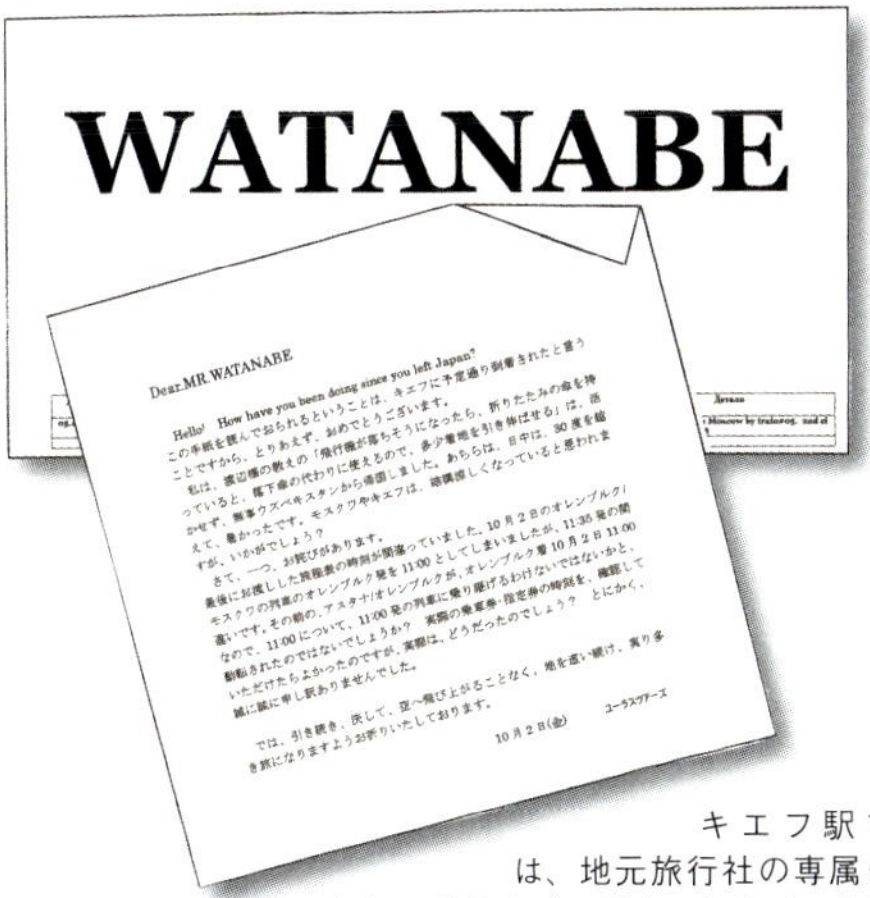

WATANABE

Dear.MR.WATANABE

Hello! How have you been doing since you left Japan? この手紙を読んでおられるということは、キエフに予定通り到着されたと言うことですから、とりあえず、おめでとうございます。

私は、渡辺様の教えの「飛行機が落ちそうになったら、折りたたみの傘を持っていると、落下傘の代わりに使えるので、多少着地を引き伸ばせる」は、活かせず、無事ウズベキスタンから帰国しました。あちらは、日中は、30度を越えて、暑かったです。モスクワやキエフは、随分涼しくなっていると思われますが、いかがでしょう？

さて、一つ、お詫びがあります。

最後にお渡しした旅程表の時刻が間違っていました。10月2日のオレンブルク/モスクワの列車のオレンブルク発を11:00としてしまいましたが、11:35発の間違いです。その前の、アスタナ/オレンブルクが、オレンブルク着10月2日11:00なので、11:00について、11:00発の列車に乗り継げるわけないではないかと、動転されたのではないでしょうか？ 実際の乗車券・指定券の時刻を、確認していただけたらよかったのですが、実際は、どうだったのでしょう？ とにかく、誠に誠に申し訳ありませんでした。

では、引き続き、決して、空へ飛び上がることなく、地を這い続け、実り多き旅になりますようお祈りいたしております。

10月2日(金)　ユーラスツアーズ

キエフ駅では、地元旅行社の専属タクシードライバーがホームまで、予約してあった先の切符や通過国のビザなど一式を届けてくれます。私の名前が書かれた紙のプラカード（写真）は切符発券時に、専用フォームに到着日時や番線と共にプリントされるシステムになっているらしく、このドライバーは駅のあちこちへ、はい4番ホームにはこの「きつね」、次は8番ホームに「カツ丼」と、出前のように届けていました。日本で「ホームに降りたら一歩も動かずにそこで待っていて！」と告げられた意味がわかりました。私が日本から用意してきたお土産を渡すと、「バリショーエ　スパスィーバ」とドライバー。

これは、アルマトイで切符を受け取りに行った旅行社で「せっかくここまで来たのだから、ネコなんかが裏で働いているような小さなホテルを」と頼んで紹介されたツーリストホテルで、元・地方貴族邸宅を改築したもの。ネコは受付で寝ていて、女性が対応してくれました。内部はさすがに豪華でした。

2等寝台車（高速鉄道）の該算料金（諸手数料含む）

ベルリン	⇒	モスクワ	⇒	北京	⇒	上海（船で）日本
	約50,000円～		100,000円～		15,000円～	20,000円～

利用時期や車両のクラスや利用条件で変動するのでユーラスツアーズ（03-5562-3381）にご確認ください。

ウルムチ駅前の、干し果実を山と積み上げて売る露店です。ここの人は、米の代わりに干し果実を主食のように採り、他に馬・ラクダの乳やヨーグルトを採りますから、日本と競う長寿国です。駅の並びに外人専用ホテル（予約不要）があり、読者にもお勧めの街の一つです。

下はたまたま私の手元に残っていた英国往復時の旅程表です。旅程表の時間のミスプリントを訂正する日本からの連絡（左上）と一緒に載せました。途中、北京、ウルムチ、アルマトイ、モスクワ、ワルシャワでホテル泊まり↗

せました。④はラクダを利用してシルクロード文明を極めたいというルートですが、ここはかなりの難関です。どうぞ写真をご覧ください。

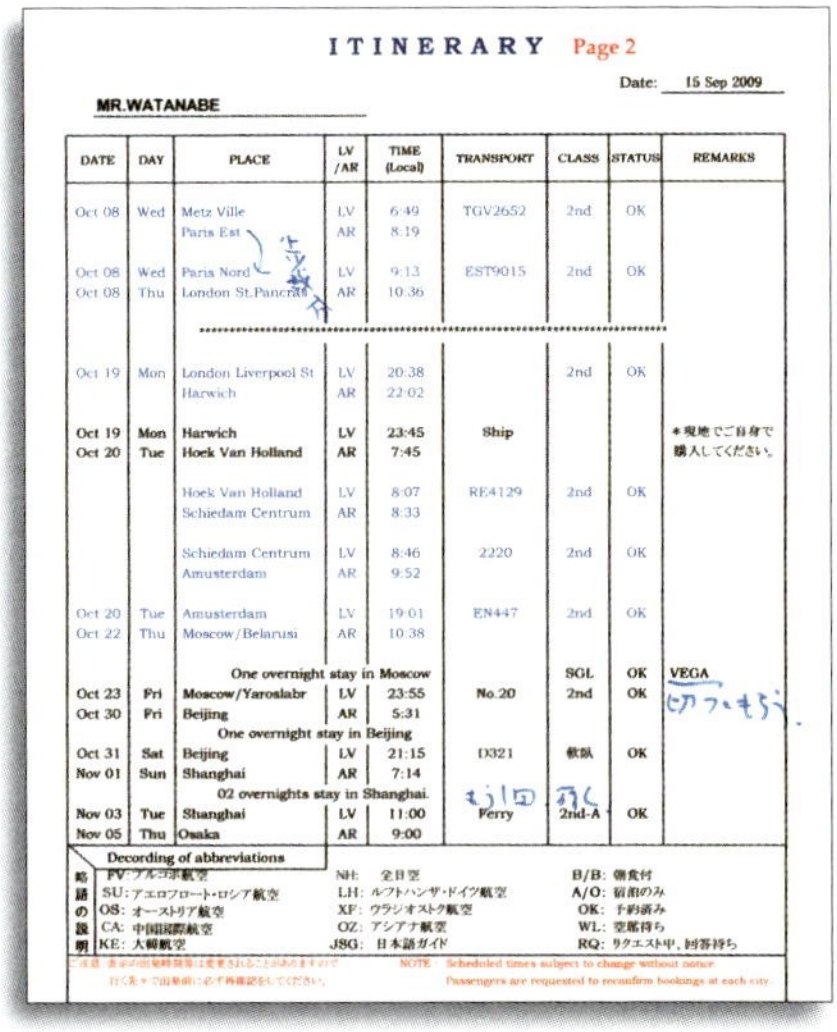

ITINERARY Page 2

Date: 15 Sep 2009

MR.WATANABE

DATE	DAY	PLACE	LV /AR	TIME (Local)	TRANSPORT	CLASS	STATUS	REMARKS
Oct 08	Wed	Metz Ville	LV	6:49	TGV2652	2nd	OK	
		Paris Est	AR	8:19				
Oct 08	Wed	Paris Nord	LV	9:13	EST9015	2nd	OK	
Oct 08	Thu	London St.Pancras	AR	10:36				
Oct 19	Mon	London Liverpool St	LV	20:38		2nd	OK	
		Harwich	AR	22:02				
Oct 19	Mon	Harwich	LV	23:45	Ship			＊現地でご自身で購入してください。
Oct 20	Tue	Hoek Van Holland	AR	7:45				
		Hoek Van Holland	LV	8:07	RE4129	2nd	OK	
		Schiedam Centrum	AR	8:33				
		Schiedam Centrum	LV	8:46	2220	2nd	OK	
		Amusterdam	AR	9:52				
Oct 20	Tue	Amusterdam	LV	19:01	EN447	2nd	OK	
Oct 22	Thu	Moscow/Belarusi	AR	10:38				
		One overnight stay in Moscow				SGL	OK	VEGA
Oct 23	Fri	Moscow/Yaroslabr	LV	23:55	No.20	2nd	OK	
Oct 30	Fri	Beijing	AR	5:31				
		One overnight stay in Beijing						
Oct 31	Sat	Beijing	LV	21:15	D321	軟臥	OK	
Nov 01	Sun	Shanghai	AR	7:14				
		02 overnights stay in Shanghai.						
Nov 03	Tue	Shanghai	LV	11:00	Ferry	2nd-A	OK	
Nov 05	Thu	Osaka	AR	9:00				

Decording of abbreviations

略語の説明

SU: アエロフロート・ロシア航空	LH: ルフトハンザ・ドイツ航空	A/O: 宿泊のみ
OS: オーストリア航空	XF: ウラジオストク航空	OK: 予約済み
CA: 中国国際航空	OZ: アシアナ航空	WL: 空席待ち
KE: 大韓航空	JSG: 日本語ガイド	RQ: リクエスト中、回答待ち
	NH: 全日空	B/B: 朝食付

NOTE: Scheduled times subject to change without notice. Passengers are requested to reconfirm bookings at each city.

バイコヌール宇宙基地と月の砂漠、国は独立したが、このギャップにいまカザフスタンは悩んでるように見えます

カザフスタンの財政は苦しいらしく、第2の都市アルマトイ駅にある跨線橋の腐った踏板を交換するお金にも事欠いています（126頁）。この新民晩報（夕刊のこと?）はアルマトイのホテルの私の部屋に届けられた新聞ですが、このように今でもラクダの隊商の写真が佐川急便の車のように紙面に出る、本来は極くのどかな国です。その国が文明の進化について行けなくて振り回されています。

ところで、この新聞は12月28日付で、確か翌日の列車で私は上海に向かい、フェリーで大阪を経由して1月4日には名古屋の絵手紙教室の描き初めに顔を出し、秋の展覧会に出す左頁のラクダの絵を描き始めましたから、カザフスタン〜日本もずいぶん近くなったものだと感無量です。

125頁の4つのルートはすべて安全な鉄道を乗り継いでいますが、本当は私はシルクロードをラクダで行ってみたいのです。砂漠のクルーズです。でもシルクロードの南のアフガニスタンなどは政情も治安も今は悪化しており、それにこの西のペルシャ湾岸は石油紛争で近寄れないのが残念です。

♪ 月の砂漠 ♪　（作詞　加藤まさお）

1　月の砂漠を　はるばると　旅の駱駝が　行きました
　金と銀との　鞍置いて　二つならんで　行きました
2　金の鞍には　銀の甕　銀の鞍には　金の甕
　二つの甕は　それぞれに　紐で結んで　ありました
3　先の鞍には　王子さま　後の鞍には　お姫さま
　乗った二人は　おそろいの　白い上着を　着てました
4　広い砂漠を　ひとすじに　二人はどこへ　行くのでしょう
　朧にけぶる　月の夜を　対の駱駝は　とぼとぼと
　砂丘を越えて　行きました　黙って越えて　行きました

JASRAC 出 1215729-201

私は太平洋戦争が終わった直後に中学に進学しました。当時、壮年の山縣（旧姓・辰馬）育英会理事長は辰馬汽船の社長でしたが、ヒ86船団も全滅（52頁）し、自社のほとんどの貨物船も失った後に、ある海軍首脳から「もう日本海軍は大きな作戦はできない。（戦争は）終わりだ」と耳打ちされました。それは敗戦の半年も前の1945年1月のことでしたが、実直な山縣理事長はそのことは誰にも語らず、国策で造った高商と工専の学生新規募集を独断で止め、工専の校舎には新しい中学校を創ろうと決意した、と私は理事長から聞きました。その校舎は辰馬汽船が持っていた船用の建材を活用して3年程前に西宮・香枦園海岸に建設した校舎です。

木造船から鋼鉄船への切り替えのタイミングを会社が見誤った結果の産物です。一方、私は学童疎開で身体を壊し1年休学したので、図らずも新設の中学に進学できました。辰馬汽船の誤算と私の休学という2つの不幸が重なり今の私があるのはちょっと複雑な気がします。

初年度は1年生99人だけでした。先生方はその道の新進の第一人者でほとんど教職の経験はない方を山縣理事長が招かれました。その中に図画・美術担当の須田剋太画伯やクラス担任の神田先生、少し遅れて村上先生（村上春樹さんの父上）がいらっしゃいました。神田先生は関西汽船の神田・元社長の御曹司で、京大で啄木を研究された若き学徒。私たちは別府航路も小豆島航路も先生にねだって3年間、乗り放題でした。

新設・中学での初めての父兄会が終わった日、いちばん年長の須田剋太先生を中心に若い先生方のストーム〔注〕の一団は、いつまでも『月の砂漠』の一番を繰り返し歌いながら阪神・香枦園駅に向かいました。

須田剋太画伯は一美術講師としてではなく、甲陽学院の普通の教諭として若い先生方と一緒に勤務され、日展で『ピンクのターバン』が特選入選し静夫人のシビアな資格テストもクリア（116頁）、学校からはアトリエ付きの教員宿舎も提供されて、先生としても画伯としてもその後は安んじて制作に専念され、甲陽ご退職後に司馬遼太郎さんの『街道をゆく』のさし絵画家となる幸運にも恵まれ、さらにその縁でモンゴルや中国にも出掛け、『ジャンク』の絵もお描きになったのです（107頁）。

〔注〕旧制高校などで学生たちがコンパの後に寮歌などを歌って街をデモしたこと

手をつなごう仲間展　渡邉八郎出品作品
指導：中三川真智子先生
（渡邉さんが描くとどうしても競馬の出走馬のように見えますネ）

2009年頃、駅売店で販売されていたアルマトイ市街地図の一部。ラクダ専用のダート道などもグラフィックに表示しているのは異言語民族が見ても理解できるようにとの配慮から。私はカザフスタンでは動物たちもこの地図を見るのかと思いました。

①1,000円で買った中古ワゴンR〔注〕

②ヌアディブ（モーリタニア）の難破船

③ナンバープレートは直子さんが記念に持ち帰り

女一人　軽の中古ワゴンRで

軽自動車ワゴンRで青山直子さんは走りました

このオチビさん（142㎝）は、ワゴンRで日本からシベリア・ヨーロッパ経由でアフリカまで走りました。これはバックパッカーの軽自動車版。

私たちが日常生活でよく使う移動手段は

◇電車・地下鉄
◇自動車
◇自転車

ですが、鉄道はすでに紹介したので、あとの自動車と自転車でそれを実践した方をご紹介しましょう。まず自動車です。青山直子さんは、自分の足用に埼玉のクルマ屋さんで買った1000円の中古ワゴンR〔注〕で多摩を中心に走り回っていましたが、あるとき、かつてバイクで行ったことのある西アフリカまで走ってみようかと思いつき、オフロード用タイヤに履き替えただけで、伴走車や支援車もなしでシベリア・ヨーロッパ大陸走破に出掛けました。彼女の生い立ちなどはホームページjomnipotに詳しく紹介されていますが、お仕事はwebデザイン・制作アーティストの、極く普通の女性です。

ヨーロッパ大陸横断⇒アフリカ

7か月・7千キロ、費用はガソリン代のみ

2010年6月14日　多摩出発
（ウラジオストク航路が廃止されたので）
北海道経由サハリンからロシアフェリーで**ヨーロッパ大陸**へ⇒ロシア⇒ヨーロッパ諸国
11月　タリファ（スペイン）⛴**アフリカ大陸**入り
12月　最終目的地モプチ（マリ）到着
2011年1月　事故・故障・パンク・アテコスリなしのワゴンRを現地で売却
2月　飛行機でフランスへ
（以後、webの日記のupがとだえる）

青山直子（webサイト自己紹介より）
1975年東南アジア生まれ（父親の勤務地）
身長142cm、TOEIC 940点
帰国後ICU（国際キリスト教大学）付属高校⇒SFC（慶応義塾大湘南藤沢キャンパス）卒
その間、バイクでアフリカ旅行も経験、飛行機操縦免許取得。後、webデザイン会社に勤務。
別掲のように1,000円でワゴンR（1997年製）購入。

〔注〕整備その他で乗り出し価格は13.5万円

④お2人のキャビンは蘇州号の2等・大部屋（男女別）

⑤上海港国際客運中心碼頭（上海港フェリーターミナル）

⑥お2人は颯爽とペタルを踏んで大阪の街へ

ママチャリで世界一周

大陸間はフェリーとクルーズ船で

2年10か月、費用は途中で乗り潰した17台の中古自転車代

2008年4月　英国出発⛴ヨーロッパ大陸🚲イスタンブール🚲天山南路🚲ユーラシア🚲東南アジア🚲中国🚲上海⛴大阪🚲日本一周🚲境⛴韓国⛴北米大陸🚲南米大陸⛴
2010年6月　英国帰着・復職

生徒は大興奮してトレーシー先生を迎えた

ジェームス・リトルウッドさん（流通業マネジャー）
トレーシー・ドーナンさん（小学校教師）

隣町まで自転車で行けるのなら、もう少し先にまで行けるはずよ。世界一周だって…

ジェームスさんたちにガソリン代は不要。その分だけよく食べますが、家に居ても食べるから食費はそう変わらない。壊れたママチャリは下取りに出して**新しい中古ママチャリ**に買い換える作戦〔注1〕。

①スポンサーの資金援助・伴走車一切なし。
②旅行中、家具類は実家に預け、家は解約。
③万事節約はするが、貧乏旅行はしないで、博物館や民族館にはよく寄る。

この②は大事です。青山さんは沿道のバイカル湖畔のキャンプ場や車中泊〔注2〕ですから家賃分がまるまる浮きますが、ジェームスさんは常に家賃分と宿泊料がチャラになるよう心がけたと仰ってました。さすがに日焼けしておられましたが、筋肉マンではなく写真のとおり極く普通のサラリーマン体形。お2人とは上海⇓大阪の国際フェリーの中で知り合い、これはNHKの某アナウンサーに教えてあげようとハガキを出しましたがお返事はなし。後でフェリー会社に聞いてわかったのですが、蘇州号だけで毎便、数名の自転車で世界一周するサイクリストがおられるので、いまではメディアもいちいち取り上げないようです。

〔注1〕発展途上国では壊れた自転車でも下取りしてくれるそうです。
〔注2〕軽自動車の中は狭いが、青山さんはそれ以上に小ぶり！ワゴンRの幅（内寸）約128㎝、膝をちょっと曲げるだけで横になれます。

ACKNOWLEDGEMENTS

I would like to express my gratitude to everyone who encouraged me with this project. Without these people, I could not have completed writing this book.
First, I'd like to thank President Rudi Schreiner and Vice President Kristin Karst of AMA Waterways, and Mr. and Mrs. Lüftner of Dr. W. Lüftner Reisen GmbH for their sincere supports.
I also want to thank President Katada of Ocean Dream, Inc. who provided me abundant documents regarding VIKING RIVER CRUISES, UNIWORLD BOUTIQUE RIVER CRUISES, European Waterways, and Travel Dynamics International.

渡辺八郎
Hachiro WATANABE

p.s. In Japan, there is a proverb called "OKAME-HACHIMOKU" which means the watcher of chess often comes up with good idea. So here's an "OKAME-HACHIMOKU" from me:
There are many people suffering diabetes or kidney injury. It would be remarkable if there were insulin or dialysis treatment service for those passengers in a rivership like DAS (DIALYSIS AT SEA cruises) in U.S. Then the tickets for river cruises would soon be sold out by those patients and their family !
Thank you.

傍目八目 OKAME-HACHIMOKU 1426 in Kyoto

Published by KAIBUNDO PUBLISHING CO., Ltd.
2-5-4 SUIDO, BUNKYO, TOKYO 112-0005

I took the Nicest River Cruises

CONTENTS

[著者紹介]
渡邊 八郎(わたなべ はちろう)
1935年、母に連れられて神戸～カルカッタ(インド)間を初クルーズして以来、
今日まで、海外クルーズ(含む国際フェリー)の乗船経験は80回を超える。
1947年より3年間、須田剋太画伯の指導を受ける(辰馬育英会 甲陽学院)
1997年、日本語教育指導者養成コース(上級)修了(徳島大学 社会人教育)
現在、名古屋絵手紙教室会員(本書執筆中は休会、指導・中三川真智子)
日本クルーズ&フェリー学会会員

DTP・カバーデザイン／正村史郎・松崎祐子(株式会社ホワイトメディア)
DVDオーサリング／プリント工房スマイル

ISBN978-4-303-64010-1
華麗なるクルージング **川と運河の船旅**

2013年4月25日　初版発行

著　者　渡邊八郎　　検印省略
発行者　岡田節夫
発行所　海文堂出版株式会社
本社　東京都文京区水道2-5-4(〒112-0005)
電話 03(3815)3291㈹　FAX 03(3815)3953
http://www.kaibundo.jp/
支社　神戸市中央区元町通3-5-10(〒650-0022)
日本書籍出版協会会員・工学書協会会員・自然科学書協会会員

PRINTED IN JAPAN　　印刷　ディグ／製本　小野寺製本